KB266222

PICK TOPIK II

쓰기

한글파크

<h1 style="text-align:center">머리말</h1>

한국어를 공부하는 많은 학생들이 "선생님, 저는 말하기는 괜찮은데 쓰기가 너무 어려워요!"라고 자주 말합니다. 왜 그럴까요?

말하기는 단어의 의미만으로도 어느 정도 의사 전달이 가능하지만, 글쓰기는 논리적인 구조와 연결이 갖추어지지 않으면 쉽게 어색해지기 때문입니다. 한국어 글쓰기는 단순한 문장 나열이 아니라 생각을 정리하고 구조화하는 힘을 요구합니다.

지난 10년간 한국어 교육 현장에서 학생들을 지도하며, 특히 TOPIK II를 준비하는 학습자들이 쓰기를 가장 어려워한다는 점을 알게되었습니다. 이는 **어휘나 문법의 부족 때문이라기보다 글의 마무리 방식, 적절한 접속사 선택, 논리적 구성 등 '쓰기의 틀'에 대한 어려움**에서 비롯된 경우가 많았습니다. 그래서 **실제 시험에서 점수로 연결될 수 있는 실질적인 방법과 바로 활용 가능한 예문·문형·구조를 직접 연습**할 수 있는 교재를 만들고자 했습니다.

이 교재는 그러한 고민의 결과입니다. **복잡한 설명보다는 직접 따라 쓰고, 비교하고, 스스로 쓰는 과정을 중심으로 구성**했습니다. 최근 시험 경향을 반영하여 유형별 핵심 요소를 담았습니다. 또한 학습자가 **혼자서도 학습 흐름을 잡을 수 있도록 Warm-up(준비하기) → Level-up(문형·표현 연습하기) → Build-up(스스로 해결하기)의 단계형 구조를 적용**했습니다. 특히 **TOPIK에 실제로 출제되는 '유형별 구조'를 기준으로 연습 문제를 제시**하여 **학습자가 자연스럽게 문장 구조를 익히고 이를 곧바로 점수로 연결되는 답안 작성 연습으로 이어갈 수 있도록 설계**하였습니다. 이 교재가 국내외 한국어 교육 현장에서 TOPIK 쓰기를 준비하는 학습자와 교사 모두에게 실질적이고 체계적인 도움이 되기를 바랍니다.

본 책을 집필하는 과정에서 아낌없는 조언을 주신 저의 영원한 멘토 오은경 선생님과 늘 정신적인 버팀목이 되어 주시는 이재리 선생님, 김한나 선생님께 깊이 감사드립니다. 또한 원고가 한 권의 책으로 완성되기까지 세심하게 관리해 주신 한글파크 편집부 직원분들, 그리고 출간 과정 전반을 안정적으로 이끌어 주신 김아영 더리님께 진심으로 감사드립니다.

정지민 드림

책 구성 및 활용

문제 유형 이해하기 → 기출문제 확인하기

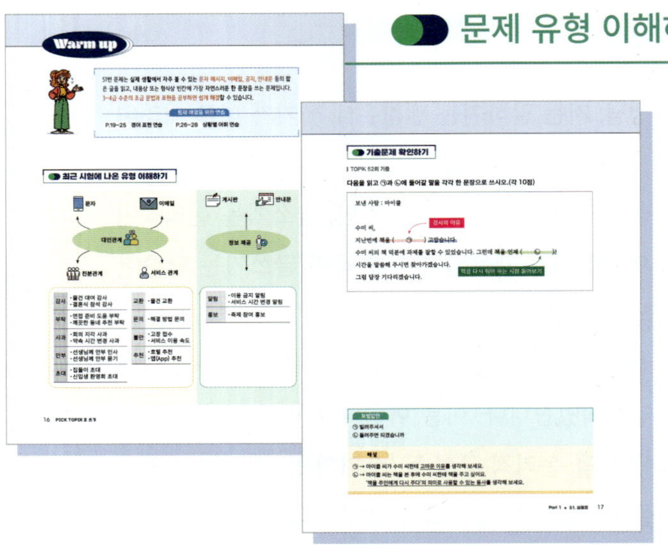

Warm-up에서는 기출문제 유형을 정리하여 출제 의도와 요구 사항을 이해하고, 실제 기출문제를 통해 문제 유형을 확인합니다.

주의 포인트와 만점 포인트 → 유형별 맞춤 연습

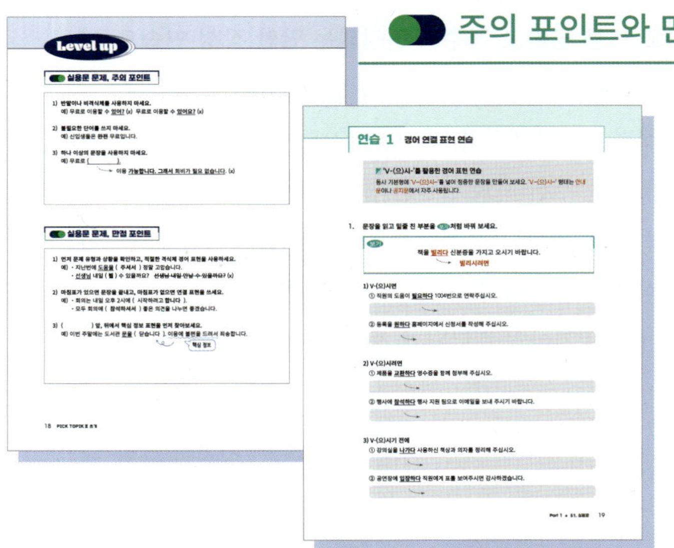

문제를 풀 때 반드시 확인해야 할 주의점과 만점 포인트를 정리하고, 파트별 맞춤 연습 문제를 통해 실전 대비 및 유형 적응력을 기르도록 구성하였습니다.

Build up

● 모범답안 따라 쓰기 → 스스로 해결하기

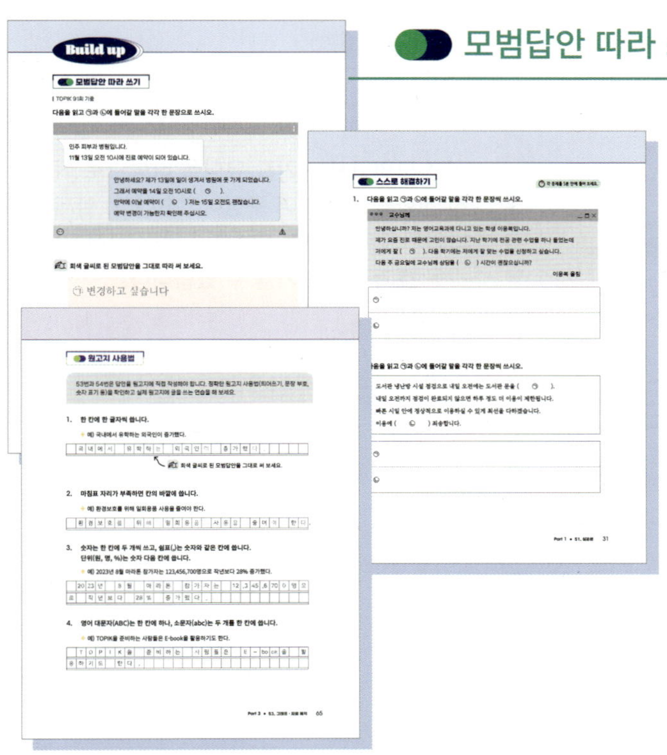

기존 교재와 차별화하여 모범답안의 핵심 문장을 직접 따라 쓰는 연습을 구성하였습니다. 이를 통해 자연스러운 문장 구조와 표현을 익힐 수 있습니다. 또한 앞 단계에서 학습한 내용을 바탕으로 실제 시험 유형에 맞는 실전 연습을 할 수 있도록 하였으며, 각 파트별 권장 시간을 제시하여 시간 관리 연습이 가능하도록 하였습니다. 쓰기 53번과 54번을 위한 원고지 사용법도 자세히 안내하여 문장을 따라 쓰며 원고지 작성 방식까지 함께 익힐 수 있습니다.

어휘

● 어휘 한 눈에 보기 → 어휘 적용하기

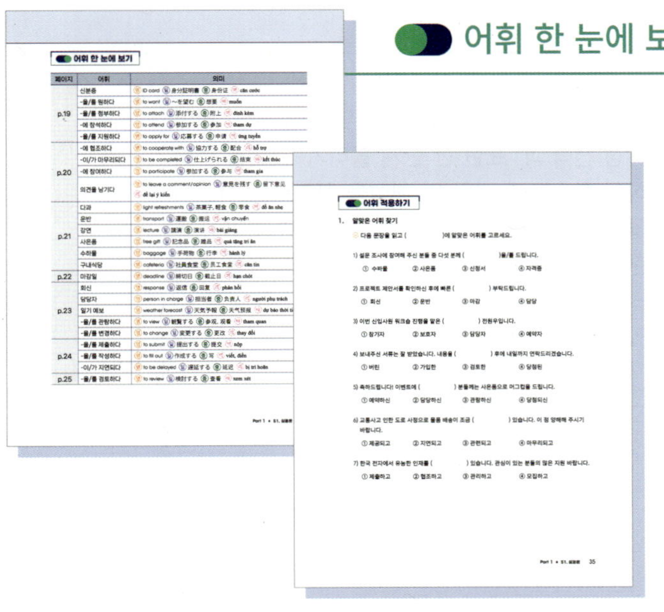

각 파트 마지막에는 핵심 어휘를 정리하고 연습 문제를 수록하였습니다. 동사와 형용사는 자주 쓰이는 조사와 함께 제시하여 실제 쓰기에서 바로 활용할 수 있도록 하였습니다.

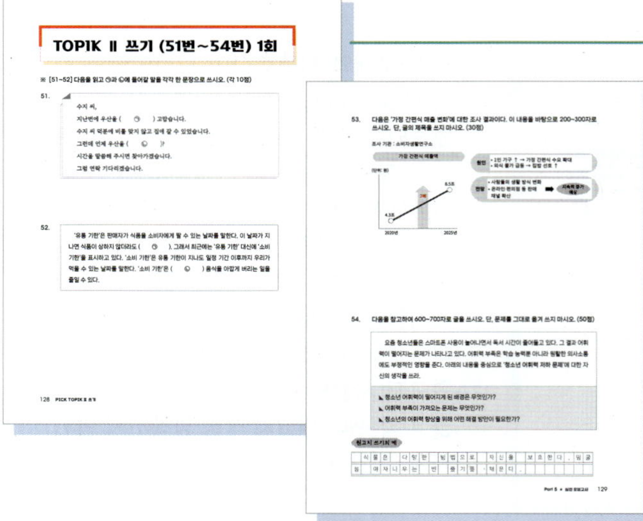

실전 모의고사는 기출 유형을 바탕으로 최신 경향을 반영하여 구성하였습니다. 실제 답안지에 작성하며 연습함으로써 실전 감각을 효과적으로 기를 수 있습니다.

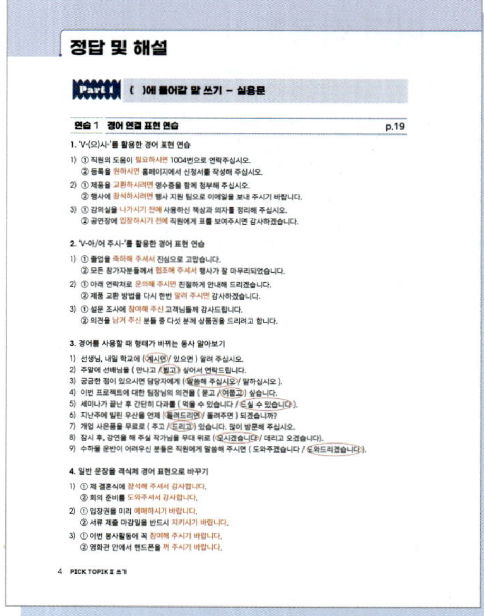

책 속의 책으로 구성된 정답 및 해설에는 '정답 작성 전략'과 '표현 한 단계 올리기' 코너를 수록하여 학습자가 정답 및 해설을 참고하며 자신의 답안을 스스로 보완할 수 있도록 하였습니다. 또한 표현을 한 단계 확장하고 다듬는 과정을 통해 답안의 완성도를 높여 보다 높은 점수를 받을 수 있도록 구성하였습니다.

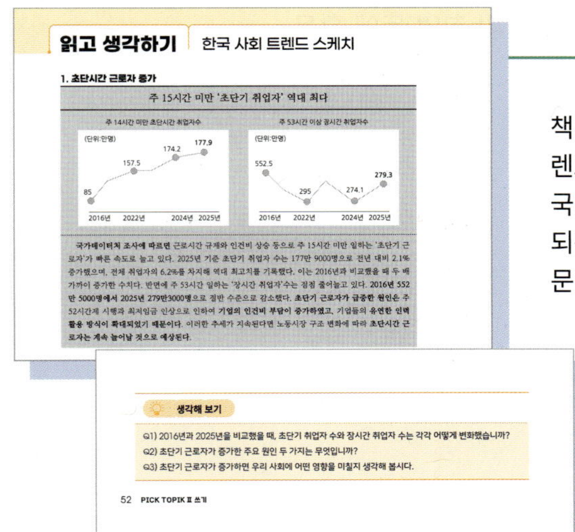

책 속의 책 부록 「읽고 생각하기–한국 사회 트렌드 스케치」에서는 TOPIK 53번과 54번은 한국 사회의 최신 이슈를 반영한 주제가 자주 출제되는 점을 고려하여 최근 몇 년간 화제가 된 신문 기사를 발췌·재구성하였습니다.

각 글 아래에는 '생각해 보기' 문항을 수록하여 글의 내용을 바탕으로 자신의 생각을 정리할 수 있도록 하였으며, 이를 통해 쓰기 능력 향상에 도움을 주고자 하였습니다.

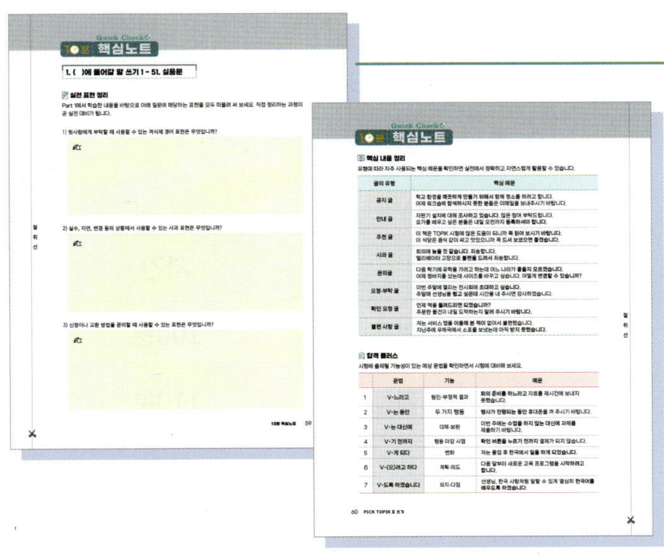

핵심노트는 시험장에 휴대하여 시험 직전 주요 내용을 빠르게 점검할 수 있도록 구성하였습니다. 학습한 내용을 스스로 되돌아보며 각 파트의 핵심 사항을 체계적으로 정리할 수 있도록 하였습니다. 또한 '핵심 내용 정리'와 '합격 플러스' 코너를 수록하여 실전에서 한 단계 확장된 표현과 전략을 익히고, 보다 높은 점수를 향한 자신감을 가질 수 있도록 하였습니다.

토픽 Ⅱ 소개

◆ 한국어능력시험의 목적

- 한국어를 모국어로 하지 않는 재외동포·외국인의 한국어 학습 방향 제시 및 한국어 보급 확대
- 한국어 사용능력을 측정·평가하여 그 결과를 국내 대학 유학 및 취업 등에 활용

◆ 응시 대상

한국어를 모국어로 하지 않는 재외동포 및 외국인로서
- 한국어 학습자 및 국내 대학 유학 희망자
- 국내·외 한국 기업체 및 공공기관 취업 희망자
- 외국 학교에 재학 중이거나 졸업한 재외국민

◆ 주관기관

교육부 국립국제교육원

◆ 시험의 수준 및 등급

- 시험의 수준 : TOPIK Ⅰ, TOPIK Ⅱ
- 평가 등급 : 6개 등급(1~6급)

TOPIK Ⅰ		TOPIK Ⅱ			
1급	2급	3급	4급	5급	6급
80점 이상	140점 이상	120점 이상	150점 이상	190점 이상	230점 이상

◆ 시험 시간

구분	교시	영역	시간
TOPIK Ⅰ	1교시	듣기/읽기	100분
TOPIK Ⅱ	1교시	듣기/쓰기	110분
	2교시	읽기	70분

◆ 문항구성

1) 수준별 구성

시험 수준	교시	영역/시간	유형	문항수	배점	배점 총계
TOPIK Ⅰ	1교시	듣기(40분)	선택형	30	100	200
		읽기(60분)	선택형	40	100	
TOPIK Ⅱ	1교시	듣기(60분)	선택형	50	100	300
		쓰기(50분)	서답형	4	100	
	2교시	읽기(70분)	선택형	50	100	

2) 문제 유형

① 선택형 문항(4지선다형)

② 서답형 문항(쓰기 영역)

• 문장완성형(단답형): 2문항

• 작문형 : 2문항

- 200~300자 정도의 중급 수준 설명문 1문항

- 600~700자 정도의 고급 수준 논술문 1문항

◆ 문제지의 종류

종류	A형	B형
시행 지역	미주, 유럽, 아프리카, 오세아니아	아시아
시행 요일	토요일	일요일

◆ 등급별 평가 기준

시험수준	평가 기준	평가 기준
TOPIK II	3급	- 일상생활을 영위하는 데 별 어려움을 느끼지 않으며, 다양한 공공시설의 이용과 사회적 관계 유지에 필요한 기초적 언어 기능을 수행할 수 있다. - 친숙하고 구체적인 소재는 물론, 자신에게 친숙한 사회적 소재를 문단 단위로 표현하거나 이해할 수 있다. - 문어와 구어의 기본적인 특성을 구분해서 이해하고 사용할 수 있다.
	4급	- 공공시설 이용과 사회적 관계 유지에 필요한 언어 기능을 수행할 수 있으며, 일반적인 업무 수행에 필요한 기능을 어느 정도 수행할 수 있다. - '뉴스, 신문 기사' 중 평이한 내용을 이해할 수 있다. 일반적인 사회적·추상적 소재를 비교적 정확하고 유창하게 이해하고, 사용할 수 있다. - 자주 사용되는 관용적 표현과 대표적인 한국 문화에 대한 이해를 바탕으로 사회·문화적인 내용을 이해하고 사용할 수 있다.
	5급	- 전문 분야에서의 연구나 업무 수행에 필요한 언어 기능을 어느 정도 수행할 수 있다. - '정치, 경제, 사회, 문화' 전반에 걸쳐 친숙하지 않은 소재에 관해서도 이해하고 사용할 수 있다. - 공식적, 비공식적 맥락과 구어적, 문어적 맥락에 따라 언어를 적절히 구분해 사용할 수 있다.
	6급	- 전문 분야에서의 연구나 업무 수행에 필요한 언어 기능을 비교적 정확하고 유창하게 수행할 수 있다. - '정치, 경제, 사회, 문화' 전반에 걸쳐 친숙하지 않은 주제에 관해서도 이용하고 사용할 수 있다. - 원어민 화자의 수준에는 이르지 못하나 기능 수행이나 의미 표현에는 어려움을 겪지 않는다.

◆ 쓰기 영역 작문 소개 및 내용

시간	교시	문제 수준	세부 유형	문항수
50분	51	3급	실용문 빈칸 채우기(1문장) × 2	10점
	52		설명문 빈칸 채우기(1문장) × 2	10점
	53	3급~4급	표나 그래프를 보고 글쓰기(200 ~ 300자)	30점
	54	5~6급	주어진 주제로 주장하는 글쓰기(600 ~ 700자)	50점

◆ 쓰기 영역 작문 문항 평가 범주

문항 번호	평가범주	평가내용
51-52	내용 및 과제 수행	- 제시된 과제에 맞게 적절한 내용으로 썼는가?
	언어사용	- 어휘와 문법 등의 사용이 정확한가?
53-54	내용 및 과제 수행	- 주어진 과제를 충실히 수행하였는가? - 주제에 관련된 내용으로 구성하였는가? - 주어진 내용을 풍부하고 다양하게 표현하였는가?
	글의 전개 구조	- 글의 구성이 명확하고 논리적인가? - 글의 내용에 따라 단락 구성이 잘 이루어졌는가? - 논리 전개에 도움이 되는 담화 표지를 적절하게 사용하여 조직적으로 연결하였는가?
	언어사용	- 문법과 어휘를 다양하고 풍부하게 사용하며 적절한 문법과 어휘를 선택하여 사용하였는가? - 문법, 어휘, 맞춤법 등의 사용이 정확한가? - 글의 목적과 기능에 따라 격식에 맞게 글을 썼는가?

목차

Part

( )에 들어갈 말 쓰기 1

01

51. 실용문

Warm up

51번 문제는 실제 생활에서 자주 볼 수 있는 문자 메시지, 이메일, 공지, 안내문 등의 짧은 글을 읽고, 내용상 또는 형식상 빈칸에 가장 **자연스러운 한 문장**을 쓰는 문제입니다. 3~4급 수준의 초급 문법과 표현을 공부하면 쉽게 해결할 수 있습니다.

문제 해결을 위한 연습

P.19~25   경어 표현 연습   P.26~28   상황별 어휘 연습

🟢 최근 시험에 나온 유형 이해하기

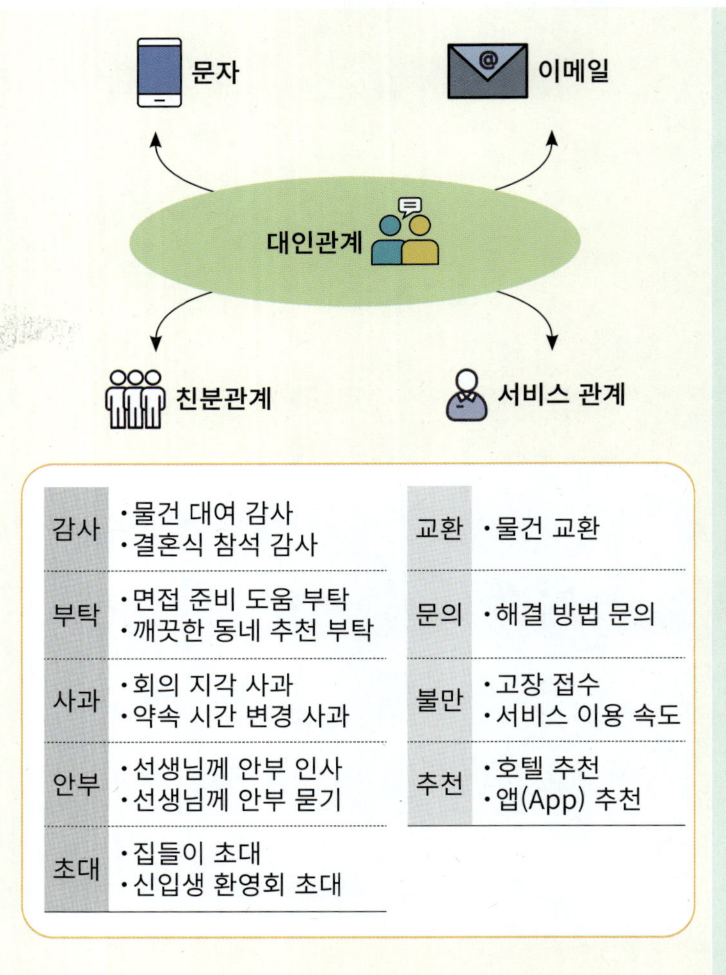

감사	• 물건 대여 감사 • 결혼식 참석 감사	교환	• 물건 교환
부탁	• 면접 준비 도움 부탁 • 깨끗한 동네 추천 부탁	문의	• 해결 방법 문의
사과	• 회의 지각 사과 • 약속 시간 변경 사과	불만	• 고장 접수 • 서비스 이용 속도
안부	• 선생님께 안부 인사 • 선생님께 안부 묻기	추천	• 호텔 추천 • 앱(App) 추천
초대	• 집들이 초대 • 신입생 환영회 초대		

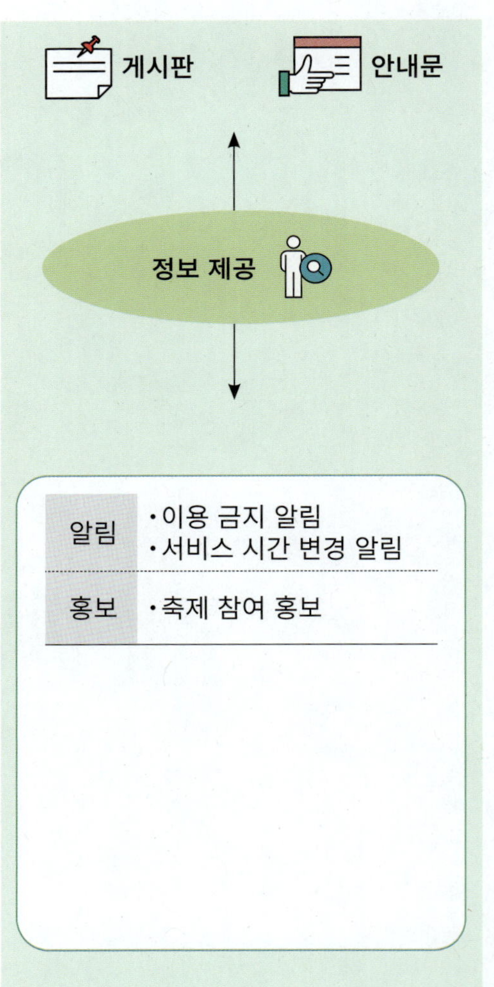

알림	• 이용 금지 알림 • 서비스 시간 변경 알림
홍보	• 축제 참여 홍보

| TOPIK 52회 기출

다음을 읽고 ㉠과 ㉡에 들어갈 말을 각각 한 문장으로 쓰시오.(각 10점)

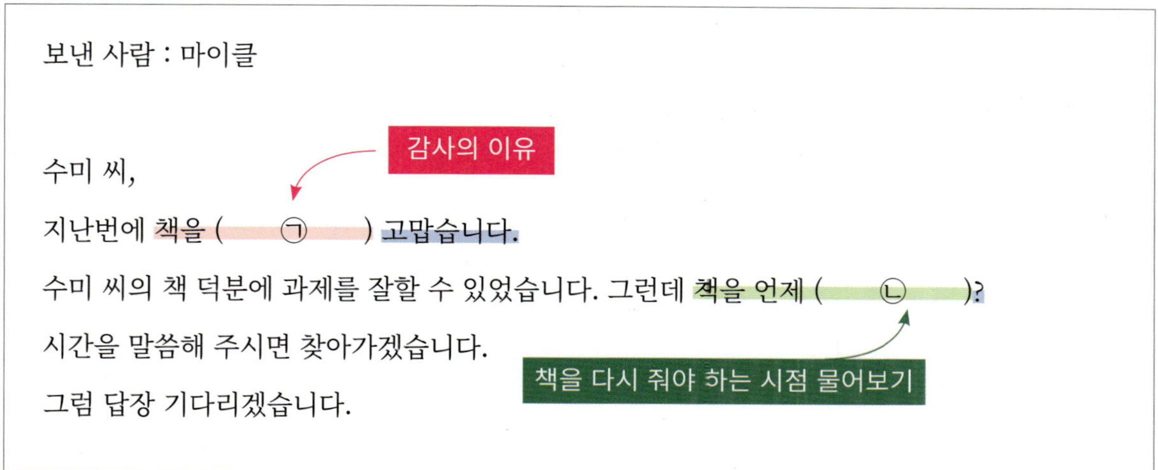

모범답안

㉠ 빌려주셔서
㉡ 돌려주면 되겠습니까

해설

㉠ → 마이클 씨가 수미 씨한테 고마운 이유를 생각해 보세요.
㉡ → 마이클 씨는 책을 본 후에 수미 씨한테 책을 주고 싶어요.
　　'책을 주인에게 다시 주다'의 의미로 사용할 수 있는 동사를 생각해 보세요.

🔵🟢 실용문 문제, 주의 포인트

1) 반말이나 비격식체를 사용하지 마세요.
   예) 무료로 이용할 수 <u>있어?</u> (x) 무료로 이용할 수 <u>있어요?</u> (x)

2) 불필요한 단어를 쓰지 마세요.
   예) 신입생들은 **완전** 무료입니다.

3) 하나 이상의 문장을 사용하지 마세요.
   예) 무료로 (＿＿＿＿＿＿＿).
   → 이용 **가능합니다. 그래서 회비가 필요 없습니다.** (x)

🔵🟢 실용문 문제, 만점 포인트

1) 먼저 문제 유형과 상황을 확인하고, 적절한 격식체 경어 표현을 사용하세요.
   예) ・지난번에 <u>도움을</u> (**주셔서**) 정말 고맙습니다.
   ・<u>선생님</u> 내일 (**뵐**) 수 있을까요? 선생님 내일 만날 수 있을까요? (x)

2) 마침표가 있으면 문장을 끝내고, 마침표가 없으면 연결 표현을 쓰세요.
   예) ・회의는 내일 오후 2시에 (시작하려고 **합니다**).
   ・모두 회의에 (**참석하셔서**) 좋은 의견을 나누면 좋겠습니다.

3) (＿＿＿＿＿＿) 앞, 뒤에서 핵심 정보 표현을 먼저 찾아보세요.
   예) 이번 주말에는 도서관 <u>문을</u> (닫습니다). <u>이용에 불편을 드려서</u> 죄송합니다.

■ 'V-(으)시-'를 활용한 경어 표현 연습

동사 기본형에 'V-(으)시-'를 넣어 정중한 문장을 만들어 보세요. 'V-(으)시-' 형태는 안내문이나 공지문에서 자주 사용됩니다.

1. 문장을 읽고 밑줄 친 부분을  처럼 바꿔 보세요.

> **보기**
>
> 책을 <u>빌리다</u> 신분증을 가지고 오시기 바랍니다.
> → **빌리시려면**

1) V-(으)시면

① 직원의 도움이 **필요하다** 1004번으로 연락 주십시오.

② 등록을 **원하다** 홈페이지에서 신청서를 작성해 주십시오.

2) V-(으)시려면

① 제품을 **교환하다** 영수증을 함께 첨부해 주십시오.

② 행사에 **참석하다** 행사 지원 팀으로 이메일을 보내 주시기 바랍니다.

3) V-(으)시기 전에

① 강의실을 **나가다** 사용하신 책상과 의자를 정리해 주십시오.

② 공연장에 **입장하다** 직원에게 표를 보여주시면 감사하겠습니다.

■ '-아/어 주시-'를 활용한 경어 표현 연습

'V-아/어 주시-'는 정중하게 부탁할 때 사용하는 연결 표현이에요. 주로 대인관계 상황에서 자주 쓰입니다.   p. 16 유형 참고

2. 문장을 읽고 밑줄 친 부분을 처럼 바꿔 보세요.

> **보기**
>
> 다음 주까지 보고서를 <u>**제출하다**</u> 바랍니다.
> → **제출해 주시기**

1) V-아/어 주셔서

① 졸업을 **축하하다** 진심으로 고맙습니다.

→

② 모든 참가자분들께서 **협조하다** 행사가 잘 마무리되었습니다.

→

2) V-아/어 주시면

① 아래 연락처로 **문의하다** 친절하게 안내해 드리겠습니다.

→

② 교환 방법을 다시 한번 **알려 주다** 감사하겠습니다.

→

3) V-아/어 주신 N

① 설문 조사에 **참여하다** 고객님들께 감사드립니다.

→

② 의견을 **남기다** 분들 중 다섯 분께 상품권을 드리려고 합니다.

→

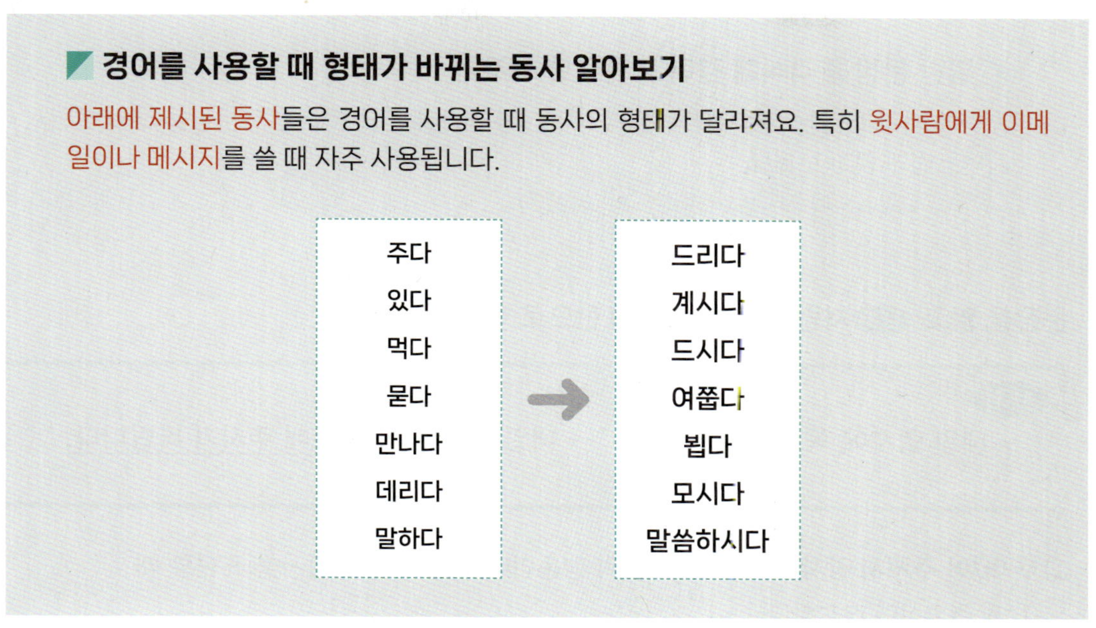

3. 문장을 읽고 보기 처럼 알맞은 경어 표현에 ○표를 해 보세요.

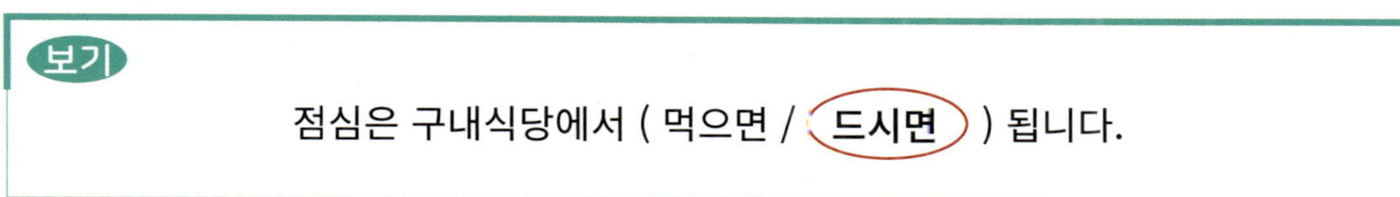

1) 선생님, 내일 학교에 (계시면 / 있으면) 알려 주십시오.

2) 주말에 선배님을 (만나고 / 뵙고) 싶어서 연락드립니다.

3) 궁금한 점이 있으시면 담당자에게 (말씀해 주십시오 / 말하십시오).

4) 이번 프로젝트에 대한 팀장님의 의견을 (묻고 / 여쭙고) 싶습니다.

5) 세미나가 끝난 후 간단히 다과를 (먹을 수 있습니다 / 드실 수 있습니다).

6) 지난주에 빌린 우산을 언제 (돌려드리면 / 돌려주면) 되겠습니까?

7) 개업 사은품을 무료로 (주고 / 드리고) 있습니다. 많이 방문해 주십시오.

8) 잠시 후, 강연을 해 주실 작가님을 무대 위로 (모시겠습니다 / 데리고 오겠습니다).

9) 수하물 운반이 어려우신 분들은 직원에게 말씀해 주시면 (도와주겠습니다 / 도와드리겠습니다).

■ 일반 문장을 격식체 경어 표현으로 바꾸기

시험에 자주 나오는 6가지 격식체 경어 표현을 아래에 정리했습니다. 문장을 바꿔 쓰면서 자연스럽게 익혀 보세요.

4. 문장을 읽고 처럼 격식체 경어 표현으로 직접 써 보세요.

> **보기**
>
> 내일 행사에 꼭 <u>방문해 주세요.</u> → 내일 행사에 꼭 **<u>방문해 주시기 바랍니다.</u>**

1) V-아/어 주셔서 감사합니다 : 상대방의 행동이나 도움에 대해 감사를 표현할 때

① 제 결혼식에 <u>참석하다</u>

→

② 회의 준비를 <u>도와주다</u>

→

2) V-(으)시기 바랍니다 : 일반적인 지시나 당부를 전할 때

① 입장권을 미리 <u>예매하다</u>

→

② 서류 제출 마감일을 반드시 <u>지키다</u>

→

3) V-아/어 주시기 바랍니다 : 상대방에게 규칙이나 요청사항을 정중하게 전달할 때

① 이번 봉사활동에 꼭 <u>참여하다</u>

→

② 영화관 안에서 핸드폰을 <u>끄다</u>

→

4) V-(으)시면 좋겠습니다 : 나의 희망이나 바람을 표현할 때

① 많은 분들이 오셔서 <u>관람하다</u>

→

② 여행 전에 일기 예보를 <u>확인하다</u>

→

5) V-아/어 주시면 좋겠습니다 : 상대방에게 나의 희망이나 바람을 정중하게 표현할 때

① 예약 시간을 <u>변경하다</u>

→

② 프로그램에 대한 피드백을 <u>보내다</u>

→

6) V-(으)ㄹ 것 같습니다 : 예상이나 추측을 표현할 때, 사과나 양해를 구할 때

<예상이나 추측>

① 이번 프로젝트는 계획보다 시간이 더 <u>걸리다</u>

→

② 새로운 사람들을 만나고 배울 수 있는 좋은 <u>기회가 되다</u>

→

<사과나 양해>

① 오늘은 관람객이 많아 입장이 다소 <u>지연되다</u>

→

② 담당자 확인이 필요하여 회신이 <u>늦어지다</u>

→

5. 문장을 읽고 처럼 경어 질문으로 바꿔 보세요.

> **보기**
>
> 지금 <u>만날 수 있어요?</u> → 지금 <u>만날 수 있습니까?</u>

1) V-(으)면 됩니까? : 허락이나 규칙을 정중하게 물을 때

① 여권만 <u>가져오면 돼요?</u>

→

② 숙제를 내일까지 <u>제출하면 돼요?</u>

→

③ 1층 분실물 센터에서 분실물을 <u>찾으면 돼요?</u>

→

2) V-아/어야 합니까? : 어떤 일의 방법이나 필요사항을 물어볼 때

① 신청서를 어디에서 <u>작성해야 해요?</u>

→

② 학생증을 만들려면 <u>어떻게 해야 해요?</u>

→

③ 추첨권을 어디에 <u>넣어야 해요?</u>

→

3) V-(으)ㄹ 수 있습니까? : 어떤 일이 가능한 상황인지 확인, 상대방에서 허락을 구할 때

① 다른 색 옷으로 <u>교환할 수 있어요?</u>

→

② 내일 교수님께 <u>상담을 받을 수 있어요?</u>

→

③ 다음 주 바자회에서 <u>중고 물건을 팔 수 있어요?</u>

→

4) V-아/어 주실 수 있습니까? : 상대방이 나를 위해 어떤 일을 해 줄 수 있는지 물어볼 때

① 다음 주 일정을 미리 <u>알려 줄 수 있어요?</u>

→

② 이 자료를 내일까지 <u>검토해 줄 수 있어요?</u>

→

③ 신청 방법을 자세히 <u>설명해 줄 수 있어요?</u>

→

5) V-아/어도 되겠습니까? : 서비스를 제공하는 사람이 고객에게 어떤 것을 제안할 때

① 성함을 다시 <u>확인해도 될까요?</u>

→

② 상담 내용을 <u>녹음해도 될까요?</u>

→

③ 20분 후에 다시 <u>연락드려도 될까요?</u>

→

1. ( )안에 들어갈 알맞은 말을 보기처럼 골라 직접 써 보세요.

보기

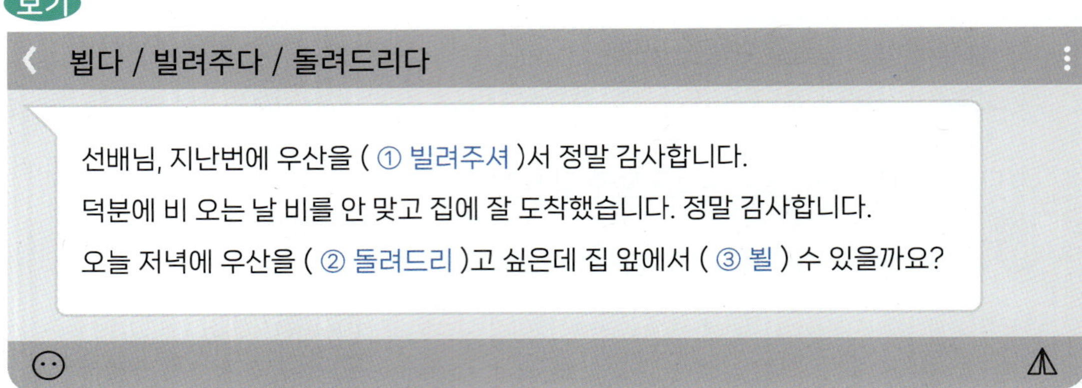

1) 저녁 식사 초대하기

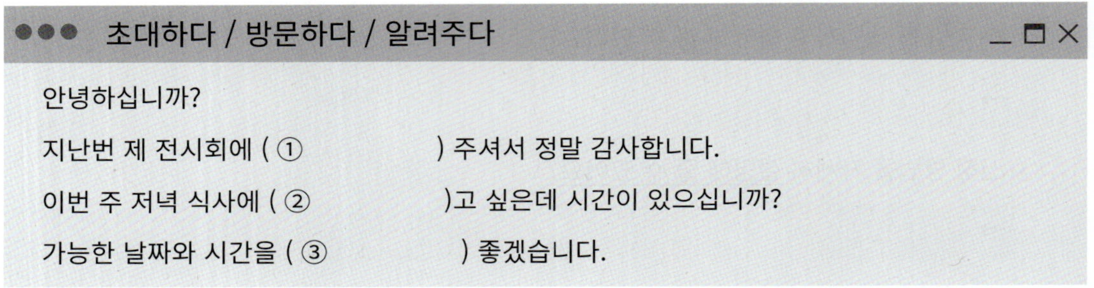

2) 직장 상사에게 도움 부탁하기

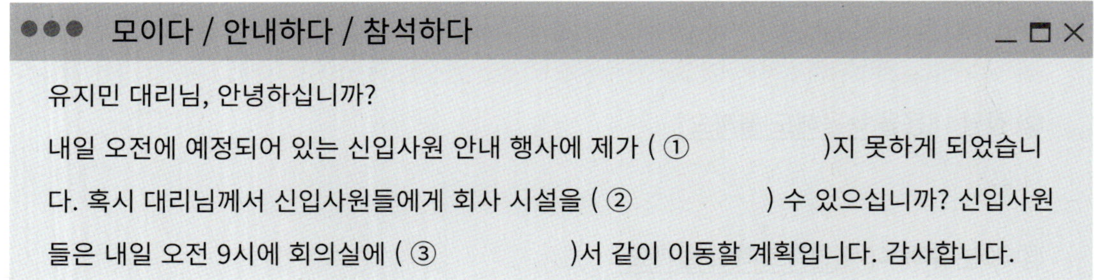

3) 약속 시간 변경하기

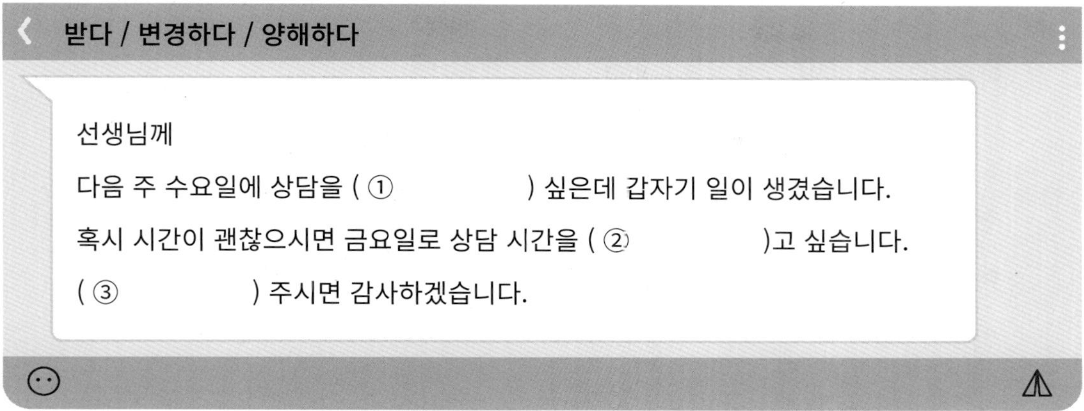

4) 티켓 양도하기

5) 카페 안내문

6) 고장 공지

엘리베이터 고장 공지

현재 3층 엘리베이터가 고장이 나서 (①   ) 수 없습니다.

빠른 시일 내에 엘리베이터를 (②   ) 예정입니다.

이용에 (③   )서 죄송합니다.

7) 도서관 규칙 안내

도서관 규칙 안내

도서관에서는 휴대전화를 꼭 (①   )기 바랍니다.

도서관에서 나가실 때는 본인의 책과 물건을 반드시 (②   ) 주시기 바랍니다.

빌리신 책을 정해진 날짜에 (③   )기 바랍니다.

8) 동아리 회원 모집 공고

동아리 회원 모집 공고

안녕하십니까? 우리 동아리는 새로운 회원을 (①   )고 있습니다.

한국 문화에 (②   ) 분이라면 누구나 환영합니다.

동아리에 (③   )면 한국 친구를 사귈 수 있고 좋은 추억을 만들 수 있습니다.

🔵🟢 모범답안 따라 쓰기

▎TOPIK 91회 기출

다음을 읽고 ㉠과 ㉡에 들어갈 말을 각각 한 문장으로 쓰시오.

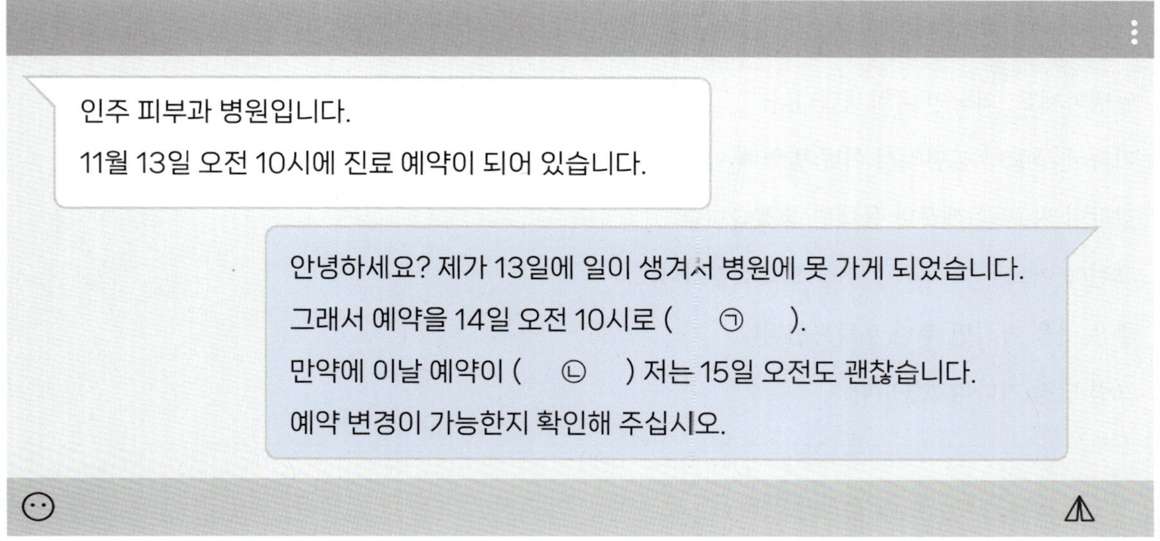

✍ 회색 글씨로 된 모범답안을 그대로 따라 써 보세요.

㉠ 변경하고 싶습니다

㉡ 불가능하면

✍ 모범답안 문장을 아래에 직접 써 보세요.

✎ 13일 예약을 14일로 변경하고 싶습니다.
➡

✎ 만약에 이날 예약이 불가능하면 15일도 괜찮습니다.
➡

다음을 읽고 ㉠과 ㉡에 들어갈 말을 각각 한 문장으로 쓰시오.

제목 : 어디로 이사하는 것이 좋을까요?

작성자 : 에르덴

안녕하세요. 외국인 유학생입니다.

기숙사 생활이 불편해서 이번 방학에 이사를 (㉠   ).

집값이 싸고 좀 깨끗한 동네면 좋겠습니다.

그런데 어느 (㉡   ) 잘 모르겠습니다.

좋은 곳을 아시면 추천 부탁드립니다.

그럼 답장 기다리겠습니다.

✍ 회색 글씨로 된 모범답안을 그대로 따라 써 보세요.

㉠ 하고 싶습니다

㉡ 동네가 좋을지

✍ 모범답안 문장을 아래에 직접 써 보세요.

✎ 저는 방학에 이사를 하고 싶습니다.
➡

✎ 이사를 하고 싶은데 어느 동네가 좋을지 잘 모르겠습니다.
➡

1. 다음을 읽고 ㉠과 ㉡에 들어갈 말을 각각 한 문장씩 쓰시오.

> ●●● **교수님께**　　　　　　　　　　　_ □ ✕
>
> 안녕하십니까? 저는 영어교육과에 다니고 있는 학생 이용복입니다.
>
> 제가 요즘 진로 때문에 고민이 많습니다. 지난 학기에 전공 관련 수업을 하나 들었는데
>
> 저에게 잘 (　㉠　). 다음 학기에는 저에게 잘 맞는 수업을 신청하고 싶습니다.
>
> 다음 주 금요일에 교수님께 상담을 (　㉡　) 시간이 괜찮으십니까?
>
> 　　　　　　　　　　　　　　　　　　이용복 올림

㉠

㉡

2. 다음을 읽고 ㉠과 ㉡에 들어갈 말을 각각 한 문장씩 쓰시오.

> 도서관 냉난방 시설 점검으로 내일 오전에는 도서관 문을 (　㉠　).
>
> 내일 오전까지 점검이 완료되지 않으면 하루 정도 더 이용이 제한됩니다.
>
> 빠른 시일 안에 정상적으로 이용하실 수 있게 최선을 다하겠습니다.
>
> 이용에 (　㉡　) 죄송합니다.

㉠

㉡

3. 다음을 읽고 ㉠과 ㉡에 들어갈 말을 각각 한 문장씩 쓰시오.

제목 : 신입사원 환영회 참석 여부 확인 요청

안녕하십니까? 인사팀입니다.

다음 주 금요일 저녁 7시에 서울 호텔에서 신입사원 환영회를 할 예정입니다.

원활한 준비를 위하여 내일까지 참석 여부를 (㉠).

신입사원들이 회사 생활에 빨리 (㉡) 많은 분들이 함께해 주시면 좋겠습니다.

환영회 관련 문의는 인사팀(1234)으로 연락해 주시기 바랍니다.

㉠

㉡

4. 다음을 읽고 ㉠과 ㉡에 들어갈 말을 각각 한 문장씩 쓰시오.

이 책은 민화를 쉽게 소개하고 있습니다.

재미있는 민화가 많이 있고 민화에 대한 한국어 설명도 어렵지 않습니다.

그래서 한국어를 (㉠) 얼마 안 된 외국인도 쉽게 읽을 수 있습니다.

저도 한국어를 잘하지 않지만 흥미롭게 읽었습니다.

민화에 관심이 있는 분들은 이 책을 한번 (㉡).

㉠

㉡

➡ 정답 및 해설의 '정답 작성 전략'을 활용하여 자신이 쓴 답을 점검해 보세요.

페이지	어휘	의미
p.19	신분증	영 ID card 일 身分証明書 중 身份证 베 căn cước
	-을/를 원하다	영 to want 일 ～を望む 중 想要 베 muốn
	-을/를 첨부하다	영 to attach 일 添付する 중 附上 베 đính kèm
	-에 참석하다	영 to attend 일 参加する 중 参加 베 tham dự
	-을/를 지원하다	영 to apply for 일 応募する 중 申请 베 ứng tuyển
p.20	-에 협조하다	영 to cooperate with 일 協力する 중 配合 베 hỗ trợ
	-이/가 마무리되다	영 to be completed 일 仕上げられる 중 结束 베 kết thúc
	-에 참여하다	영 to participate 일 参加する 중 参与 베 tham gia
	의견을 남기다	영 to leave a comment/opinion 일 意見を残す 중 留下意见 베 để lại ý kiến
p.21	다과	영 light refreshments 일 茶菓子, 軽食 중 零食 베 đồ ăn nhẹ
	운반	영 transport 일 運搬 중 搬运 베 vận chuyển
	강연	영 lecture 일 講演 중 演讲 베 bài giảng
	사은품	영 free gift 일 記念品 중 赠品 베 quà tặng tri ân
	수하물	영 baggage 일 手荷物 중 行李 베 hành lý
	구내식당	영 cafeteria 일 社員食堂 중 员工食堂 베 căn tin
p.22	마감일	영 deadline 일 締切日 중 截止日 베 hạn chót
p.23	회신	영 response 일 返信 중 回复 베 phản hồi
	담당자	영 person in charge 일 担当者 중 负责人 베 người phụ trách
	일기 예보	영 weather forecast 일 天気予報 중 天气预报 베 dự báo thời tiết
	-을/를 관람하다	영 to view 일 観覧する 중 参观, 观看 베 tham quan
	-을/를 변경하다	영 to change 일 変更する 중 更改 베 thay đổi
p.24	-을/를 제출하다	영 to submit 일 提出する 중 提交 베 nộp
	-을/를 작성하다	영 to fill out 일 作成する 중 写 베 viết, điền
	-이/가 지연되다	영 to be delayed 일 遅延する 중 延迟 베 bị trì hoãn
p.25	-을/를 검토하다	영 to review 일 検討する 중 查看 베 xem xét

페이지	어휘	의미
p.26	시설	㉠ facility ㉡ 施設 ㉢ 设施 ㉣ cơ sở
	대리	㉠ agent, assist manager ㉡ 代理 ㉢ 代理 ㉣ đại diện
	전시회	㉠ exhibition ㉡ 展示会 ㉢ 展览会 ㉣ triển lãm
	-이/가 예정되다	㉠ to be scheduled ㉡ ～が予定される ㉢ 预计～ ㉣ được dự kiến
p.27	양도	㉠ transfer ㉡ 譲渡 ㉢ 转让 ㉣ chuyển nhượng
	양해	㉠ understanding ㉡ 了承 ㉢ 谅解 ㉣ sự thông cảm
	머그컵	㉠ mug (cup) ㉡ マグカップ ㉢ 杯子 ㉣ cốc sứ
	-에 당첨되다	㉠ to win ㉡ ～に当選する ㉢ 中(奖) ㉣ trúng (giải)
	-을/를 버리다	㉠ to throw away ㉡ ～を捨てる ㉢ 扔掉 ㉣ vứt bỏ
	-을/를 제공하다	㉠ to provide ㉡ ～を提供する ㉢ 提供 ㉣ cung cấp
p.28	시일	㉠ date and time ㉡ 日にち ㉢ 期限 ㉣ một khoảng thời gian
	정해진 날짜	㉠ set date ㉡ 決まった日 ㉢ 既定日期 ㉣ ngày đã định
	-을/를 반납하다	㉠ to return (something) ㉡ ～を返却する ㉢ 归还 ㉣ hoàn trả
	-을/를 모집하다	㉠ to recruit ㉡ ～を募集する ㉢ 招募 ㉣ tuyển chọn
	-에 가입하다	㉠ to join ㉡ ～に加入する ㉢ 加入 ㉣ gia nhập
p.31	진로	㉠ career path ㉡ 進路 ㉢ 职业方向 ㉣ định hướng nghề nghiệp
	여부	㉠ whether or not ㉡ 可否 ㉢ 是否 ㉣ có hay không
	냉난방	㉠ heating & cooling ㉡ 冷暖房 ㉢ 冷暖气 ㉣ hệ thống điều hoà
	점검	㉠ inspection ㉡ 点検 ㉢ 检查 ㉣ kiểm tra
	-와/과 관련이 있다	㉠ to be related to ㉡ ～と関係がある ㉢ 与～有关 ㉣ liên quan đến
	-이/가 제한되다	㉠ to be restricted ㉡ ～が制限される ㉢ 受限制 ㉣ bị hạn chế
p.32	민화	㉠ folk painting ㉡ 民画 ㉢ 民间画 ㉣ tranh dân gian
	환영회	㉠ welcome party ㉡ 歓迎会 ㉢ 欢迎会 ㉣ tiệc chào mừng
	인사팀	㉠ HR team ㉡ 人事部 ㉢ 人事部 ㉣ phòng nhân sự
	관련 문의	㉠ Inquiry ㉡ 関連の問い合わせ ㉢ 咨询事项 ㉣ thắc mắc liên quan
	-에 적응하다	㉠ to adapt to ㉡ ～に適応する ㉢ 适应 ㉣ thích nghi với
	-이/가 흥미롭다	㉠ to be interesting ㉡ ～が興味深い ㉢ 有趣 ㉣ thú vị

⬤◗ 어휘 적용하기

1. 알맞은 어휘 찾기

  ✓ 다음 문장을 읽고 (   )에 알맞은 어휘를 고르세요.

1) 설문 조사에 참여해 주신 분들 중 다섯 분께 (   )을/를 드립니다.

   ① 수하물   ② 사은품   ③ 신청서   ④ 자격증

2) 프로젝트 제안서를 확인하신 후에 빠른 (   ) 부탁드립니다.

   ① 회신   ② 운반   ③ 마감   ④ 담당

3) 이번 신입사원 워크숍 진행을 맡은 (   ) 전원우입니다.

   ① 참가자   ② 보호자   ③ 담당자   ④ 예약자

4) 보내주신 서류는 잘 받았습니다. 내용을 (   ) 후에 내일까지 연락드리겠습니다.

   ① 버린   ② 가입한   ③ 검토한   ④ 당첨된

5) 축하드립니다! 이벤트에 (   ) 분들께는 사은품으로 머그컵을 드립니다.

   ① 예약하신   ② 담당하신   ③ 관람하신   ④ 당첨되신

6) 교통사고 인한 도로 사정으로 물품 배송이 조금 (   ) 있습니다. 이 점 양해해 주시기
   바랍니다.

   ① 제공되고   ② 지연되고   ③ 관련되고   ④ 마무리되고

7) 한국 전자에서 유능한 인재를 (   ) 있습니다. 관심이 있는 분들의 많은 지원 바랍니다.

   ① 제출하고   ② 협조하고   ③ 관리하고   ④ 모집하고

8) 빌리신 책은 기간 내에 (   ) 합니다.

　① 반납하셔야　　　② 제한하셔야　　　③ 참석하셔야　　　④ 가입하셔야

9) 저희 홈페이지 이용 설문 조사에 (   ) 주셔서 감사합니다.

　① 참여해　　　② 제출해　　　③ 작성해　　　④ 검토해

10) 이용 후기에 대하여 호텔 사이트에 자유롭게 의견을 (   ) 주십시오.

　① 버려　　　② 남겨　　　③ 들어　　　④ 읽어

11) 행사가 끝난 후에 쓰레기는 (   ) 곳에 버려 주시기 바랍니다.

　① 남겨진　　　② 결정된　　　③ 정해진　　　④ 예정된

12) 강의 전에 이메일에 (   ) 자료를 출력해 오기 바랍니다.

　① 첨부된　　　② 지원된　　　③ 당첨된　　　④ 제한된

13) 전시회 관람을 (   ) 분은 회장님께 연락 주십시오.

　① 바꾸시는　　　② 원하시는　　　③ 가입하시는　　　④ 참여하시는

14) 선배님들이 잘 도와주셔서 한국 생활에 빨리 (   ) 수 있었습니다. 감사합니다.

　① 참여할　　　② 협조할　　　③ 적응할　　　④ 관리할

15) 우리 동아리에서 다음 주말에 봉사활동을 갈 예정입니다. 참석을 원하시는 분은 신청서를
　(   ) 이메일로 보내 주시기 바랍니다.

　① 가입하여　　　② 기록하여　　　③ 변경하여　　　④ 작성하여

정답

1) ②　2) ①　3) ③　4) ③　5) ④　6) ②　7) ④　8) ①　9) ①　10) ②　11) ③　12) ①　13) ②
14) ③　15) ④

2. 어색한 어휘 고르기

✓ 다음 문장에서 의미는 비슷하지만 **문맥에 맞지 않는 어휘를** 고르세요.

1) 장학금을 신청하려면 관련 서류를 내일까지 사무실에 (　　　　) 합니다.

　① 내야　　　　② 제출해야　　　③ 마무리해야

2) 주문한 물건에 문제가 있습니다. 혹시 새 물건으로 (　　　　) 주실 수 있으십니까?

　① 맡겨　　　　② 바꿔　　　　③ 교환해

3) 도서관 내부 공사로 인하여 이번주까지 시설 이용이 (　　　　) 예정입니다.

　① 검토될　　　② 제한될　　　③ 중단될

4) 신청서에 연락처를 잘못 썼습니다. 혹시 지금 연락처를 (　　　　) 수 있습니까?

　① 고칠　　　　② 가입할　　　③ 수정할

5) 태풍 때문에 오늘 공연은 다음 주말로 (　　　　). 관객 여러분의 양해 부탁드립니다.

　① 수정되었습니다　② 미뤄졌습니다　③ 연기되었습니다

6) 개인 물건을 잠시 (　　　　) 곳을 찾고 있습니다. 가능하신 분은 연락 주십시오.

　① 맡길　　　　② 보관할　　　③ 반납할

7) 이번 축제는 누구나 참여할 수 있습니다. 참여를 (　　　　) 분들은 홈페이지에서 신청해 주십시오.

　① 원하시는　　② 지원하시는　　③ 희망하시는

8) 갑자기 일이 생겨서 오늘 회의에 참석하기 어려울 것 같습니다. 혹시 회의 시간을 (　　　　) 괜찮겠습니까?

　① 고쳐도　　　② 바꿔도　　　③ 변경해도

정답

1) ③　2) ①　3) ①　4) ②　5) ①　6) ③　7) ②　8) ①

Part

( )에 들어갈 말 쓰기 2

02

52. 설명문

52번 문제는 **과학, 건강, 이론, 원리 등의 짧은 설명문**을 읽고, (   )을 완성하는 유형입니다. 실제 생활에서 자주 볼 수 없는 내용의 설명문이 나와도 당황하지 마세요! (   ) **앞뒤 문장의 논리적 관계**만 파악하면 해결 가능합니다.

문제 해결을 위한 연습

P.44~46 자주 나오는 문법 연습   P.47~49 핵심 정보 찾기 연습

● 최근 시험에 나온 유형 이해하기

건강	커피와 호르몬의 관계		84회
	단맛이 건강에 미치는 영향		91회
	두통의 원인		101회
과학	물리	미 산란(Mie scattering) 현상	98회
		골프공과 마찰	81회
	생물	동물들의 겨울잠	96회
		나비의 날개 특징	79회
	지구	별의 탄생	64회
	화학	얼룩을 제거하는 방법	97회
		화장품을 변질 없이 사용하는 방법	80회
일반	기분과 표정		85회
	재활용 제도		92회
	예약 보증금 제도		73회

▮ TOPIK 52회 기출

다음을 읽고 ㉠과 ㉡에 들어갈 말을 각각 한 문장으로 쓰시오. (각 10점)

기분이 안 좋을 때 표정이 어두워지는 이유

우리는 기분이 좋으면 밝은 표정을 짓는다. 그리고 기분이 좋지 않으면 표정이 어두워진다. 왜냐하면 (㉠). 그런데 이와 반대로 표정이 우리의 감정에 영향을 주기도 한다. 그래서 기분이 안 좋을 때 밝은 표정을 지으면 기분도 따라서 좋아진다. 그러므로 우울할 때일수록 (㉡) 것이 좋다.

우울할 때 어떤 표정을 지어야 하는지에 대한 방법

모범답안

㉠ 감정이 표정에 영향을 주기 때문이다
㉡ 밝은 표정을 짓는

해설

㉠ → '왜냐하면'과 연결할 수 있는 문법을 생각해 보세요.
㉡ → (㉡) 앞의 파란색 문장을 보세요.
　　 기분이 안 좋을 때 밝은 표정을 지으면 기분이 좋아져요. 그럼 우울할 때 어떻게 해야 합니까?

Level up

● 설명문 문제, 주의 포인트

1) 비격식체나 격식체를 사용하지 마세요.
   예) 밝은 표정을 <u>해야 돼요.</u> (x) 밝은 표정을 <u>해야 됩니다.</u> (x)

2) 글에 없는 내용을 추측해서 쓰지 마세요.
   예) 스트레스를 받으면 단 음식을 먹는다. (＿＿＿)기 때문이다. 단 음식을 먹으면 기분을 좋게
   하는 호르몬이 나온다. → 나는 단 음식을 좋아하가 (X)

3) 글에 나와 있는 똑같은 표현을 (　　)에 그대로 쓰지 마세요.
   예) 쓰레기를 버릴 때 종류에 상관없이 한 번에 버리는 사람들이 있다.
   그런데 (＿＿＿) 사람들은 ~~
   → 쓰레기를 버릴 때 종류에 상관없이 버리는

● 설명문 문제, 만점 포인트

1) 글을 쓸 때 사용하는 '서술체' 표현을 사용해야 돼요.
   예) 다이어트는 건강에 **좋다.** 동물들은 겨울 잠을 **잔다.**

2) 중심 문장을 먼저 파악하세요.
   그리고 핵심 표현 3,4개를 찾으세요.   중심 문장
   예) 요즘 많은 사람들이 건강을 위해서 운동을 한다.
   특히 걷기를 많이 한다. 걷기는 돈이 많이 들지 않고 누구나 쉽게 할 수 있기 때문이다.
   또한 걷기를 많이 하면 심장이 좋아질 뿐만 아니라 스트레스도 줄일 수 있다.
   핵심 표현

3) (　　) 앞, 뒤의 내용 내용을 이해하고 빈칸에 적절한 문법을 생각해 보세요.
   예) 요즘 사람들은 운동을 많이 한다. **왜냐하면** 운동은 건강에 (＿＿＿). → [이유]
   + 기 때문이다

   건강을 (　　) 운동을 **많이 해야 한다.** → [목적]
   + (으)려면

	기능	문법 형태	설명
1	행동의 어려움	V-기가 어렵다	어떤 행동이나 일을 하는 것이 어려울 때
2	행동의 쉬움	V-기가 쉽다	어떤 행동이나 일을 하는 것이 쉬울 때
3	조건·계획	V-(으)려면	어떤 일을 하기 위한 조건을 나타낼 때
4	목적	V-기 위해서	앞의 목적을 위하여 어떤 행동을 하려고 할 때
5	부정 목적	V-지 않도록	어떤 일이 생기지 않게 하려는 의도를 표현할 때
6	변화	V-게 되다	행동이나 상태의 변화를 말할 때
7	이유·원인	왜냐하면~~ A/V-기 때문이다	원인과 결과를 나타낼 때
8	비교	V-는 것보다	두 가지 행동을 비교할 때
9	비유	A-(으)ㄴ 것처럼 / V-는 것처럼	어떤 상태나 행동을 다른 것에 비유할 때
10	권유·조언	V-는 것이 좋다	어떤 행동을 권유, 조언할 때
11	의무	V-아/어야 하다	어떤 행동이 의무적으로 필요할 때
12	금지	V-지 말고	앞의 행동을 금지하고 다른 행동을 제시할 때
13	첨가	A/V-는 것뿐만 아니라 N도	앞의 행동, 상황에 또 다른 것을 더할 때
14	부정(강조)	V-는 것이 아니다	어떤 사실이나 내용을 부정하거나 반대할 때
15	효과·활용	V-는 데 좋다/ 도움이 되다	어떤 행등이나 상황이 좋은 효과/도움이 있을 때
16	간접화법	• N(이)라고 말한다 • A-다고 말한다 • V-ㄴ/는다고 말한다	전문가 또는 다른 사람의 말을 인용할 때

*자주 출제되는 문법 4개를 꼭 확인하세요.

1. 앞에서 확인한 '기출 문법'을 활용해 문장을 만들어 보세요.

1) [행동의 어려움] 외국인들은 한국의 문화 배경을 잘 몰라서 **속담을 이해하다** + 어렵다

→

2) [행동의 쉬움] 스마트폰 화면을 오래 보면 **눈이 피로해지다** + 쉽다

→

3) [조건·계획] **건강을 지키다** + 규칙적으로 운동을 해야 한다

→

4) [조건·계획] **비만을 예방하다** + 당분이 많은 음식의 섭취를 줄이는 것이 좋다

→

5) [목적] **깨끗한 물을 얻다** + 빗물을 정화하는 기술을 사용한다

→

6) [부정 목적] 특히 여름철에는 **남은 음식이 상하다** + 냉장고에 잘 보관해야 한다

→

7) [비교] **육안으로 별을 관찰하다** + 망원경을 사용하는 것이 더 정확하다

→

8) [비유] **가품은 제대로 만들다** + 보이지만 세부적인 부분에서 진품과 차이가 있다

→

9) [비유] 탄산 음료를 마시면 순간 **몸의 갈증이 없어지다** + 느끼지만 갈증이 더 심해질 수 있다

→

10) [권유·조언] 과일을 더 달게 먹고 싶으면 **냉장고 밖에 두었다가 먹다**

→

11) [금지] 독이 있는 곤충들을 잡을 때는 **맨손으로 잡다** + 항상 도구를 이용해야 한다

→

12) [첨가] 태양은 **빛을 주다** + 지구의 기온을 조절하는 역할도 한다

→

13) [부정(강조)] 동물들은 겨울에 추위를 피하기 위하여 잠을 잔다. <u>그러나</u> 동물들이 겨울에 **무조건 잠을 자다**

→

14) [효과·활용] 채소와 과일을 많이 먹으면 **면역력을 높이다** + 도움이 된다

→

15) **[이유·원인]** 녹음된 소리는 실제 소리와 다르다. **왜냐하면** 귀로 전달하는 방식이 **다르다**

→

16) **[이유·원인]** 운동을 할 때는 차가운 물을 마셔야 한다. **왜냐하면** 차가운 물이 몸에 더 잘 **흡수되다**

→

17) **[간접화법]** **식물학자들은** 이 방법이 나무가 자신을 보호하는 **방법이다**

→

18) **[간접화법]** **의사들은** 충분한 수면이 면역력을 높이는 데 **중요하다**

→

19) **[간접화법]** 남은 음식은 세균이 들어가 상할 수 있기 때문에 **전문가들은** 남은 음식의 뚜껑을 잘 **닫아야 하다**

→

20) **[간접화법]** **치과 의사들은** 뜨거운 음식을 먹은 후 바로 차가운 음식을 **먹지 말다**

→

연습 2 핵심 정보 찾기

 글에서 노란색으로 표시된 중심 문장을 읽고 보기 처럼 핵심 정보를 찾으세요.

> **보기**
>
> 성인이 외국어를 배울 때 아이들보다 시간이 오래 걸린다. 1) 왜냐하면 성인은 새로운 발음을 익히는 데 어려움이 있기 때문이다. 또한 아이들은 언어에 쉽게 적응하지만, 2) 성인은 기존 언어 습관을 바꾸기 어렵다. 따라서 성인이 외국어를 배우려면 더 많은 시간과 노력이 필요하다. ← 중심 문장
>
> Q1 성인이 외국어를 배울 때 시간이 오래 걸리는 이유를 찾아서 표시하세요. 1)
>
> Q2 성인이 되어서 바꾸기 어려운 것을 찾아서 표시하세요. 2)

1.

> 배송 시스템은 물건이 안전하게 도착할 수 있게 설계되어 있다. 먼저 물건이 깨지지 않도록 튼튼하게 포장한다. 또한 빠르게 주소를 확인하기 위해서 자동 확인 프로그램을 사용한다. 이런 과정을 통해서 고객은 물건을 빠르고 정확하게 받을 수 있다.

Q1 고객이 물건을 빠르고 안전하게 받을 수 있는 조건 두 개를 찾아서 표시하세요.

Q2 위 글에서 '목적'을 나타내는 표현을 찾아서 표시하세요.

2.

> 사람들은 별을 보면서 계절의 변화를 알 수 있다. 별은 밤하늘을 밝혀 주는 것뿐만 아니라 계절과 시간을 알려 주는 중요한 역할을 한다. 천문학자들은 계절마다 별자리의 위치가 달라진다고 말한다. 따라서 별은 아름다울 뿐만 아니라 인간의 삶에 유용한 정보를 주는 존재이다.

Q1 별이 사람들에게 주는 유용한 것 두 개를 찾아서 표시하세요.

Q2 천문학자들이 말한 내용을 찾아서 표시하세요.

3.

남은 음식을 보관할 때 뚜껑을 열어 두지 말고 반드시 닫아야 한다. 뚜껑을 잘 닫아야 세균 번식을 막을 수 있고 냄새가 나지 않는다. 따라서 뚜껑을 닫으면 불쾌한 냄새 없이 음식을 보관할 수 있을 뿐만 아니라 음식을 더 신선하게 유지할 수 있다.

Q1 왜 뚜껑을 잘 닫아야 하는지 이유를 찾아서 표시하세요.

Q2 음식을 보관할 때 뚜껑을 닫으면 좋은 점을 찾아서 표시하세요.

4.

외국인들은 한국 속담을 이해하기 어렵다. 왜냐하면 속담에는 한국의 전통 문화와 생활 방식이 담겨 있기 때문이다. 하지만 속담을 배우면 한국인의 생각을 이해하기 쉽다. 또한 의사소통 능력을 높이고 한국 사회에 잘 적응하는 데에도 도움이 된다.

Q1 외국인들이 한국 속담을 이해하기 어떤지 찾아서 표시하세요.

Q2 그 이유를 설명한 문장을 찾아서 표시하세요.

5.

작은 행동이 큰 결과를 만드는 것을 나비 효과라고 한다. 예를 들어 브라질에서 나비가 날갯짓을 하면 지구 반대편에서는 폭풍이 일어나는 것처럼 보인다. 이렇게 아주 작은 변화가 계속 이어져 사회 전체가 크게 달라지게 된다. 따라서 나비 효과는 작은 행동이 큰 변화를 만들 수 있다는 것을 보여 준다.

Q1 나비의 날갯짓을 비유적으로 표현한 부분을 찾아서 표시하세요.

Q2 나비 효과가 가져오는 변화를 찾아서 표시하세요.

6.

감염병을 막기 위해서 손을 자주 씻고 위생을 지키는 습관이 필요하다. 특히 대중교통이나 공공장소에서는 바이러스가 퍼지지 않도록 마스크를 꼭 써야 한다. 또한 전문가들은 많은 사람들이 만진 물건을 맨손으로 만지지 말라고 한다. 왜냐하면 세균이 손을 통해 쉽게 옮겨지기 때문이다.

Q1 손을 자주 씻어야 하는 목적을 찾아서 표시하세요.

Q2 전문가들이 금지하는 행동을 나타내는 표현을 찾아서 표시하세요.

7.

갈증을 풀기 위해서 탄산음료를 마시는 사람이 많다. 탄산음료를 마실 때는 잠시 갈증이 없어진 것처럼 느끼지만 사실은 갈증이 더 심해진다. 그 이유는 이런 음료에 들어 있는 당분이 우리 몸속의 물을 밖으로 나가게 하기 때문이다. 이렇게 수분이 빠져나가면 몸 안의 물이 줄어들어 갈증이 더욱 심해진다.

Q1 사람들이 탄산음료를 마시는 목적을 찾아서 표시하세요.

Q2 탄산음료를 마신 후 더 갈증이 심해지는 이유를 찾아서 표시하세요.

Build up

| TOPIK 91회 기출

다음을 읽고 ㉠과 ㉡에 들어갈 말을 각각 한 문장으로 쓰시오.

> 스트레스를 받았을 때 사탕이나 과자와 같이 단 음식을 먹으면 기분이 좋아진다. 단 음식으로 인해 뇌에서 기분을 좋게 만드는 호르몬이 나오기 때문이다. 그런데 전문가들은 사람들이 술이나 담배에 중독되는 것처럼 단맛에도 (㉠   ). 따라서 평소에 단 음식을 지나치게 많이 (㉡   ) 주의할 필요가 있다.

✍ 회색 글씨로 된 모범답안을 그대로 따라 써 보세요.

㉠ 중독이 된다고 말한다

㉡ 먹는다면

✍ 모범답안 문장을 아래에 직접 써 보세요.

✎ 전문가들은 사람들이 단맛에도 중독이 된다고 말한다.
➡

✎ 평소에 단 음식을 지나치게 많이 먹는다면 주의할 필요가 있다.
➡

다음을 읽고 ㉠과 ㉡에 들어갈 말을 각각 한 문장으로 쓰시오.

개구리가 겨울에 추위를 피해 겨울잠을 잔다는 것은 잘 알려져 있다. 그런데 개구리가 꼭 추운 겨울에만 긴 잠을 (㉠   ). 더운 지역에 사는 개구리는 기온이 매우 높은 기간에 긴 잠을 자기도 한다. 왜냐하면 개구리는 사람과 달리 체내에서 체온 조절을 (㉡   ). 개구리처럼 체온 조절을 못하는 동물들에게는 추위뿐만 아니라 더위도 생존에 위협이 되는 것이다.

✍ 회색 글씨로 된 모범답안을 그대로 따라 써 보세요.

㉠ 자는 것은 아니다

㉡ 하지 못하기 때문이다

✍ 모범답안 문장을 아래에 직접 써 보세요.

📝 개구리가 꼭 추운 겨울에만 긴 잠을 자는 것은 아니다.
➡

- -

📝 왜냐하면 개구리는 체내에서 체온 조절을 하지 못하기 때문이다.
➡

1. 다음을 읽고 ㉠과 ㉡에 들어갈 말을 각각 한 문장씩 쓰시오.

> 가품은 겉으로 볼 때는 제대로 (㉠   ) 보이지만 진품을 만드는 방법과 분명한 차이가 있다. 예를 들어 겉모양은 거의 비슷하지만 사용된 재료나 내구성이 크게 다르다. 그래서 가품은 쉽게 손상되거나 오래 사용하기 어렵다. 전문가들은 소비자들이 물건을 구매할 때 단순히 가격만을 보고 가품을 선택하지 말고 진품을 (㉡   ).

㉠

㉡

2. 다음을 읽고 ㉠과 ㉡에 들어갈 말을 각각 한 문장씩 쓰시오.

> 옷에 묻은 볼펜 잉크는 물세탁을 해도 쉽게 지워지지 않는다. 잉크는 물에 녹지 않기 때문에 물로만 세탁해서는 얼룩을 깨끗이 없앨 수 없다. 이 때문에 단순한 물세탁보다 다른 방법을 (㉠   ). 잉크 얼룩을 완벽하게 (㉡   ) 알코올이 사용된다. 또한 세탁할 때 옷감에 맞는 세제를 선택하는 것이 중요하다.

㉠

㉡

3. 다음을 읽고 ㉠과 ㉡에 들어갈 말을 각각 한 문장씩 쓰시오.

나비는 보통 독이 없어서 사람에게 큰 해를 끼치지 않는다. 그러나 나비 날개에는 미세한 가루가 있어서 피부가 예민한 사람은 피부병에 (　　㉠　　). 특히 어린이나 알레르기 체질인 경우에는 증상이 더 심하게 나타날 수 있다. 왜냐하면 이 가루가 피부에 닿으면 가려움과 붉은 반점이 생기기 때문이다. 따라서 나비를 맨손으로 (　　㉡　　) 도구를 사용하는 것이 더 좋다.

㉠

㉡

4. 다음을 읽고 ㉠과 ㉡에 들어갈 말을 각각 한 문장씩 쓰시오.

젓가락 사용은 아이들에게 여러 가지 좋은 점이 있다. 젓가락을 사용하여 음식을 집는 과정은 손가락과 손목의 근육이 (　　㉠　　) 도움을 준다. 이 과정에서 소근육이 발달하면 정서와 지능 발달에도 긍정적인 영향을 줄 수 있다. 또한 젓가락을 올바르게 사용하면 집중력도 기를 수 있다. 따라서 전문가들은 아이들이 어릴 때부터 올바른 젓가락 사용을 (　　㉡　　).

㉠

㉡

정답 및 해설의 '정답 작성 전략'을 활용하여 자신이 쓴 답을 점검해 보세요.

페이지	어휘	의미
p.41	표정을 짓다	(영) make a face (일) 顔をする (중) 做表情, 露出～的表情 (베) làm biểu cảm
	이와 반대로	(영) on the contrary (일) その反対に (중) 反过来 (베) ngược lại
	기분이 우울하다	(영) to be depressed (일) 気分が憂鬱だ, 落ち込んでいる (중) 心情郁闷 (베) buồn bã
p.44	속담	(영) proverb (일) ことわざ (중) 俗语 (베) tục ngữ
	비만	(영) obesity (일) 肥満 (중) 肥胖 (베) béo phì
	당분	(영) sugar (일) 糖分 (중) 糖分 (베) đường(trong thực phẩm)
	육안	(영) with the naked eye (일) 目で見る (중) 亲眼, 肉眼 (베) bằng mắt thường
	망원경	(영) telescope (일) 望遠鏡 (중) 望远镜 (베) kính thiên văn
	-을/를 섭취하다	(영) to consume, to take in (일) 食べる, とる (중) 吃, 摄入 (베) nạp vào, hấp thụ
	-을/를 정화하다	(영) to purify (일) 清める, 浄化する (중) 净化 (베) thanh lọc, làm sạch
	-을/를 관찰하다	(영) to observe (일) 観察する (중) 观察 (베) quan sát kỹ
	-이/가 피로해지다	(영) to get tired (일) 疲れてくる (중) 变得疲惫 (베) trở nên mệt mỏi
p.45	가품	(영) counterfeit (일) 偽物 (중) 假货 (베) hàng giả
	갈증	(영) thirst (일) のどが渇くこと (중) 口渴 (베) khát nước
	곤충	(영) insect (일) 昆虫 (중) 昆虫 (베) côn trùng
	맨손	(영) bare hands (일) 素手 (중) 空手, 徒手 (베) tay không
	세부적	(영) in detail (일) 細かい (중) 详细的 (베) chi tiết
	면역력	(영) immune system (일) 免疫力 (중) 免疫力 (베) sức đề kháng
	-을/를 조절하다	(영) to control, to regulate (일) コントロールする (중) 调节 (베) điều chỉnh
	-을/를 높이다	(영) to raise, to increase (일) 上げる (중) 提高 (베) tăng, nâng cao
p.46	수면	(영) sleep (일) 眠り (중) 睡眠 (베) giấc ngủ
	세균	(영) germs (일) 細菌 (중) 细菌 (베) vi khuẩn
	식물학자	(영) botanist (일) 植物学者 (중) 植物学家 (베) nhà thực vật học
	-이/가 흡수되다	(영) to be absorbed (일) 吸収される (중) 被吸收 (베) bị hấp thụ

페이지	어휘	의미
p.47	별자리	영 constellation 일 星座 중 星座 베 chòm sao
	천문학자	영 astronomer 일 天文学者 중 天文学家 베 nhà thiên văn học
	튼튼하게	영 securely, firmly 일 丈夫に 중 结实地 베 một cách chắc chắn
	-이/가 깨지다	영 to be broken 일 割れる 중 碎 베 bị vỡ
	-을/를 밝혀 주다	영 light up 일 明らかにする 중 照亮 베 làm sáng tỏ
p.48	나비효과	영 butterfly effect 일 バタフライ効果 중 蝴蝶效应 베 hiệu ứng cánh bướm
	날갯짓을 하다	영 to flap wings 일 羽ばたく 중 扇动翅膀 베 vỗ cánh
p.49	위생	영 hygiene 일 衛生 중 卫生 베 vệ sinh
	수분	영 moisture 일 水分 중 水分 베 độ ẩm
	감염병	영 infectious disease 일 感染症 중 传染病 베 bệnh truyền nhiễm
	-이/가 퍼지다	영 to spread 일 広がる 중 扩散 베 lan rộng
	-이/가 줄어들다	영 to decrease 일 減る 중 减少 베 giảm xuống
	-(으)로 옮겨지다	영 to be moved to 일 移される 중 被转移到 베 được chuyển sang
	-이/가 빠져나가다	영 be lost 일 抜け出す 중 逃出 베 thoát ra
p.50	호르몬	영 hormone 일 ホルモン 중 激素 베 hoóc-môn
	지나치게	영 excessively 일 あまりにも 중 过度 베 quá mức
	-에 중독되다	영 to be addicted to 일 中毒になる 중 上瘾 베 bị nghiện
	체내	영 inside the body 일 体内 중 体内 베 trong cơ thể
p.51	체온 조절	영 temperature regulation 일 体温調節 중 体温调节 베 điều hoà thân nhiệt
	-에 위협이 되다	영 to be a threat to 일 ～の脅威になる 중 对～构成威胁 베 gây nguy hiểm cho ~
p.52	잉크	영 ink 일 インク 중 墨水 베 mực
	얼룩	영 stain 일 汚れ 중 污渍 베 vết bẩn
	옷감	영 fabric 일 布 중 布料 베 vải
	세제	영 detergent 일 洗剤 중 洗涤剂 베 chất tẩy rửa

페이지	어휘	의미
	알코올	영 alcohol 일 アルコール 중 酒精 베 cồn
	겉모양	영 appearance 일 見た目 중 外观 베 vẻ bề ngoài
p.52	제대로	영 properly 일 ちゃんと 중 好好˜, 认真˜ 베 đúng cách
	내구성	영 durability 일 耐久性 중 耐用性 베 độ bền
	단순히	영 simply 일 単に 중 仅仅 베 đơn giản là
	-이/가 녹다	영 to melt 일 溶ける 중 融化 베 tan chảy
	-을/를 없애다	영 to remove 일 取り除く 중 消除 베 loại bỏ
	-을/를 지우다	영 to erase 일 消す 중 擦掉 베 xóa
p.53	독	영 poison 일 毒 중 毒 베 chất độc
	체질	영 constitution 일 体質 중 体质 베 cơ địa
	손목	영 wrist 일 手首 중 手腕 베 cổ tay
	근육	영 muscle 일 筋肉 중 肌肉 베 cơ bắp
	정서	영 emotion 일 情緒 중 情绪, 情感 베 cảm xúc
	지능	영 intelligence 일 知能 중 智能 베 trí thông minh
	집중력	영 concentration 일 集中力 중 专注力 베 khả năng tập trung
	가려움	영 itch 일 かゆみ 중 瘙痒 베 cảm giác ngứa
	알레르기	영 allergy 일 アレルギー 중 过敏 베 dị ứng
	올바르게	영 correctly 일 正しく 중 正确地 베 một cách đúng đắn
	붉은 반점	영 red spots 일 赤い斑点 중 红斑 베 đốm đỏ
	미세한 가루	영 fine powder 일 細かい粉 중 粉尘 베 bột mịn
	해를 끼치다	영 to cause harm 일 害を与える 중 带造成伤害, 对～有害, 危害～ 베 gây hại
	-에 닿다	영 to touch 일 ～に触れる 중 接触到～ 베 chạm tới
	-을/를 집다	영 to pick up 일 つかむ 중 拿起～ 베 nhặt lên
	-을/를 기르다	영 to raise 일 育てる 중 养, 培养 베 nuôi, trồng
	-이/가 예민하다	영 to be sensitive 일 敏感だ 중 敏感 베 nhạy cảm
	-에 영향을 주다	영 to affect 일 ～に影響を与える 중 影响～ 베 ảnh hưởng đến

◖● 어휘 적용하기

1. 알맞은 어휘 찾기

◎ 다음 문장을 읽고 (   )에 알맞은 어휘를 그르세요.

1) 다이어트 때문에 음식을 (   ) 먹지 않으면 오히려 살이 찌기 쉽다.

   ① 제대로   ② 솔직히   ③ 함부로   ④ 분명히

2) '거북목 증후군'을 예방하기 위해서 의자에 (   ) 앉는 습관을 길러야 한다.

   ① 지나치게   ② 올바르게   ③ 안전하게   ④ 원활하게

3) 바쁜 일상 때문에 불규칙한 식사를 하거나 고칼로리 음식을 먹으면 (   )이 되기 쉽다.

   ① 위생   ② 질병   ③ 비만   ④ 예방

4) 추운 겨울에는 (   )이 원활하지 않아 면역력이 떨어질 수 있다.

   ① 근육 통증   ② 질병 예방   ③ 체온 조절   ④ 정신 건강

5) 이번에 발견된 행성은 지구와 멀리 떨어져 있어서 (   )으로 관찰하기가 매우 어렵다.

   ① 위생   ② 실험   ③ 활동   ④ 육안

6) 건조한 겨울철에는 피부가 쉽게 자극을 받아 피부 (   )이 생길 수 있다.

   ① 가려움   ② 피로감   ③ 아쉬움   ④ 긴장감

7) 우주의 기원과 별의 탄생을 연구하는 (   )들은 밤하늘에서 수집한 많은 데이터를 분석한다.

   ① 식물학자   ② 사회학자   ③ 천문학자   ④ 심리학자

8) 사람은 상대방과 대화할 때 상황에 맞는 표정을 (　　　　　　) 사회적 관계를 만드는 것이 중요하다.

① 지어　　　　　② 내어　　　　　③ 웃어　　　　　④ 울어

9) 건강한 신체를 위하여 매일 적당량의 수분과 영양소를 (　　　　　　) 것이 중요하다.

① 관찰하는　　　② 정화하는　　　③ 확대하는　　　④ 섭취하는

10) 실내에 산세베리아 꽃을 두면 오염된 공기를 (　　　　　　) 데에 도움이 된다.

① 사용하는　　　② 조절하는　　　③ 정화하는　　　④ 섭취하는

11) 우리가 바다에 버린 쓰레기는 해양 생물들에게 심각한 해를 (　　　　　) 있다.

① 도우고　　　　② 끼치고　　　　③ 남기고　　　④ 지우고

12) 여름철에 장시간 운동을 하면 몸속의 수분이 (　　　　　) 탈수 증상이 나타날 수 있다.

① 확대되어서　　② 전달되어서　　③ 흡수되어서　　④ 빠져나가서

13) 청소년기부터 디지털 기기에 지나치게 (　　　　　) 경우 뇌 발달에 부정적인 영향을 줄 수 있다.

① 이용될　　　　② 중독될　　　　③ 흡수될　　　④ 조절될

14) 밤바다는 매우 어둡고 위험하다. 이때 섬 곳곳에 있는 등대는 어두운 바닷길을 (　　　　　　)
역할을 한다.

① 밝혀주는　　　② 정화하는　　　③ 제공하는　　　④ 사용하는

15) 청소년기 때부터 좋은 습관을 (　　　　　) 성인이 된 후에도 건강한 삶을 살 수 있다.

① 길러야　　　　② 잘라야　　　　③ 발라야　　　④ 골라야

정답

1) ①　2) ②　3) ③　4) ③　5) ④　6) ①　7) ③　8) ①　9) ④　10) ③　11) ②　12) ④　13) ②
14) ①　15) ①

2. 어색한 어휘 고르기

◎ 다음 문장에서 의미는 비슷하지만 **문맥에 맞지 않는 어휘를** 고르세요.

1) 꾸준한 독서는 집중력을 (　　　　　) 데 큰 도움을 준다.

　　① 높이는　　　　　② 세우는　　　　　③ 기르는

2) 스마트폰을 오랜 시간 사용할 경우 시력이 (　　　　　) 쉽다.

　　① 향상되기　　　　② 떨어지기　　　　③ 나빠지기

3) 장시간 같은 자세로 앉아 있으면 허리 통증이 (　　　　　) 가능성이 높다.

　　① 발생할　　　　　② 건설할　　　　　③ 나타날

4) 자동화 시스템이 도입되면 일부 사람의 일은 로봇으로 (　　　　　) 것이다.

　　① 전환될　　　　　② 대체될　　　　　③ 흡수될

5) 최근에는 개인의 생활 방식이 다양해지면서 소비 습관도 크게 (　　　　　) 있다.

　　① 고정되고　　　　② 변화하고　　　　③ 달라지고

6) 청각이 (　　　　　) 사람들은 소음에 오래 노출되면 스트레스를 받기 쉽다.

　　① 예민한　　　　　② 무심한　　　　　③ 민감한

7) 규칙적인 운동은 심폐 기능을 향상시키고 전반적은 건강 상태를 (　　　　　) 데 도움이 된다.

　　① 개선하는　　　　② 유지하는　　　　③ 설치하는

8) 흰 옷에 커피가 묻었을 때는 주방 세제를 사용하면 옷에 남은 얼룩을 깨끗하게 (　　　　　)
　 수 있다.

　　① 지울 수　　　　　② 없앨 수　　　　　③ 생길 수

정답

1) ②　**2)** ①　**3)** ②　**4)** ③　**5)** ①　**6)** ②　**7)** ③　**8)** ③

Part

자료 보고 짧은 글쓰기

03

53. 그래프·자료 해석

53번 문제는 그래프나 표와 같은 자료를 보고 설명하는 유형입니다. 자료 속 정보를 변화, 비교, 이유, 전망의 네 가지 관점에서 분석하고 정리하는 연습이 필요합니다. 제시된 자료를 정확하게 비교·분석·정리하여 한 단락(200~300자 이내)으로 완성해야 합니다. 원고지 사용법도 꼭! 연습해 보세요.

문제 해결을 위한 연습

P.65~67 원고지 사용법   P.68~75 그래프 유형, 원인, 전망 연습

● 최근 시험에 나온 유형 이해하기

	문제 유형
101회	기념품 매출액 변화와 원인
95회	공연 매출액 변화와 원인
91회	편의점 매출액 변화와 전망
87회	온라인 게임 매출액 변화와 원인
90회	자동차 판매량 변화와 원인
99회	프로 야구 관람객 수 변화와 원인
83회	1인 가구 수 변화와 전망
96회	마라톤 참가자 수 변화와 원인
97회	기온 변화와 문제 및 해결방안

TOPIK 96회 기출

다음은 '인주시 마라톤 대회 참가자 수의 변화'에 대한 자료이다. 이 내용을 200~300자의 글로 쓰시오. 단, 글의 제목을 쓰지 마시오. (30점)

조사 기관 : 한국스포츠연구소

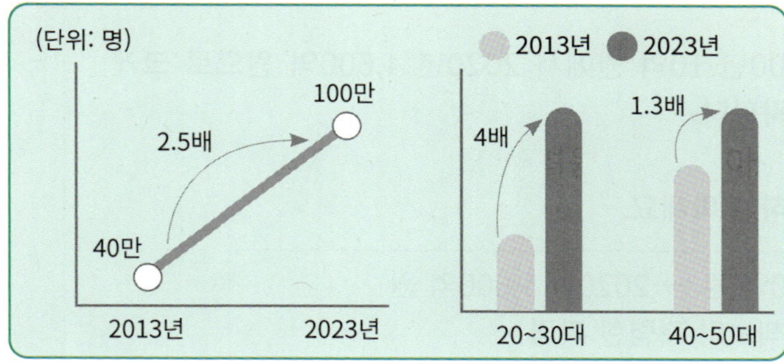

처음	조사 내용, 조사 기관, 조사 대상을 넣어서 1~2문장으로 쓰세요.	
중간	먼저 '마라톤 대회 참가자 수'의 기간별 증가 변화를 쓰고, 다음으로 연령별 참가자 수를 비교하여 쓰세요.	
끝	변화가 일어난 원인과 그로 인해 나타난 결과를 자연스럽게 연결해서 쓰세요.	

원인
- 건강 관리에 대한 관심 ↑ → 달리기 문화 확산
- SNS를 통한 마라톤 모임 활성화 → 20~30대 참가자 ↑

모범답안

한국스포츠연구소에서 인주시 마라톤 대회 참가자 수의 변화를 조사하였다. 그 결과, 인주시 마라톤 대회 참가자 수는 2013년 40만 명에서 2023년 100만 명으로 2.5배 증가한 것으로 나타났다. 이를 연령별로 살펴보면 20~30대는 지난 10년간 4배 증가한 반면에 40~50대는 같은 기간에 1.3배 증가한 것을 알 수 있었다. 이러한 변화의 원인은 건강 관리에 대한 관심이 높아져서 달리기 문화가 확산되었고, SNS를 통한 마라톤 모임이 활성화되어서 20~30대 참가자가 증가하였기 때문인 것으로 보인다.

자료 해석 문제, 주의 포인트

1) 자료에 없는 내용을 쓰지 마세요.

> 조사 내용 : 전자책 판매율 변화, 2000년 10억 원 → 2020년 4,600억 원

예) 전자책 판매율에 대해 조사한 결과, 2000년 10억 원에서 2020년 4,600억 원으로 크게
올랐다. **하지만 종이책 판매율은 조사되지 않았다.**

2) 자료에 대한 나의 생각을 쓰지 마세요.

예) 전자책 판매율에 대해 조사한 결과, 2000년 10억 원에서 2020년 4,600억 원으로 크게
올랐다. **나는 이 결과가 충격적이라고 생각한다.**

3) 자료의 내용을 비교나 분석 없이 단순히 나열하지 마세요.

> 조사 내용 : 전자책 판매율 변화, 2000년 10억 원 → 2020년 4,600억 원
> 변화 원인 : • 스마트폰 보급의 확대   • 종이책보다 저렴한 가격

예) 전자책 판매율 변화를 보면 2000년 10억 원, 2020년 4,600억 원이었다.
변화 원인은 스마트폰 보급의 확대, 종이책보다 저렴한 가격이었다.

자료 해석 문제, 만점 포인트

1) 그래프 변화 → 원인(또는 문제점) → 전망(또는 해결 방안)의 순서로 쓰세요.

2) 원고지에 숫자나 단위 쓰는 연습을 반드시 하세요. →p.65 연습

3) 그래프의 변화 방향을 확인한 후 어떤 표현을 사용할지 생각하세요. →p.69~71 연습

4) 제시된 핵심 정보(원인 → 결과, 전망)를 바탕으로 완전한 문장을 만드세요. →p.72~75 연습

53번과 54번은 답안을 원고지에 직접 작성해야 합니다. 정확한 원고지 사용법(띄어쓰기, 문장 부호, 숫자 표기 등)을 확인하고 실제 원고지에 글을 쓰는 연습을 해 보세요.

1. 한 칸에 한 글자씩 씁니다.

◆ 예) 국내에서 유학하는 외국인이 증가했다.

국	내	에	서		유	학	하	는		외	국	인	이		증	가	했	다	.			

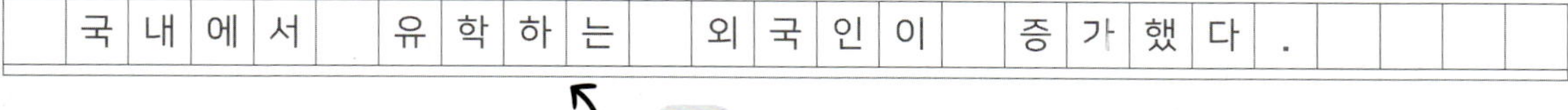 회색 글씨로 된 고범답안을 그대로 써 보세요.

2. 마침표 자리가 부족하면 칸의 바깥에 씁니다.

◆ 예) 환경보호를 위해 일회용품 사용을 줄여야 한다.

환	경	보	호	를		위	해		일	회	용	품		사	용	을		줄	여	야		한	다	.

3. 숫자는 한 칸에 두 개씩 쓰고, 쉼표(,)는 숫자와 같은 칸에 씁니다.
단위(원, 명, %)는 숫자 다음 칸에 씁니다.

◆ 예) 2023년 8월 마라톤 참가자는 123,456,700명으로 작년보다 28% 증가했다.

20	23	년		8	월		마	라	톤		참	가	자	는		12	,3	45	,6	70	0	명	으
로		작	년	보	다		28	%		증	가	했	다	.									

4. 영어 대문자(ABC)는 한 칸에 하나, 소문자(abc)는 두 개를 한 칸에 씁니다.

◆ 예) TOPIK을 준비하는 사람들은 E-book을 활용하기도 한다.

T	O	P	I	K	을		준	비	하	는		사	람	들	은		E	-	bo	ok	을		활
용	하	기	도		한	다	.																

5. 문장 부호(" " ' ', < >)는 한 칸에 하나씩 씁니다.

◆ 예) 성공을 위해서는 끊임없는 노력, 그리고 무엇보다 '책임감'이 필요하다.

	성	공	을		위	해	서	는		끊	임	없	는		노	력	,	그	리	고		무	엇	보
다		'	책	임	감	'	이		필	요	하	다	.											

> ☀ **53번 쓰기에 자주 사용되는 작은따옴표(' ')와 쉼표(,)는 어떻게 사용할까요?**
>
> 1. 작은따옴표 (' ') : 특별한 단어를 강조할 때
>
>   예 '환경'에 대해서 조사하였다.
>
> 2. 쉼표 (,) : 문장에서 잠깐 끊어 읽을 때 또는 여러 가지를 나열할 때
>
>   예1 조사 결과, 한국 라면의 수출액이 증가하였다.
>
>   예2 사람들이 선호하는 유제품은 우유, 요구르트, 치즈 등이었다.

6. 단락을 바꿀 때는 맨 앞 칸을 비웁니다.

◆ 예)

　　요즘 많은 사람들이 운동을 한다. 운동은 건강을 지키는 데 큰 도움이 된다.

　　그러나 바쁜 생활 때문에 운동할 시간이 부족한 경우도 많다. 그래서 하루에 조금씩이라도 꾸준히 운동하는 것이 중요하다.

	요	즘		많	은		사	람	들	이		운	동	을		한	다	.	운	동	은		건	강
을		지	키	는		데		큰		도	움	이		된	다	.								
	그	러	나		바	쁜		생	활		때	문	에		운	동	할		시	간	이		부	족
한		경	우	도		많	다	.	그	래	서		하	루	에		조	금	씩	이	라	도		꾸
준	히		운	동	하	는		것	이		중	요	하	다	.									

아래 글을 원고지에 직접 써 보세요.

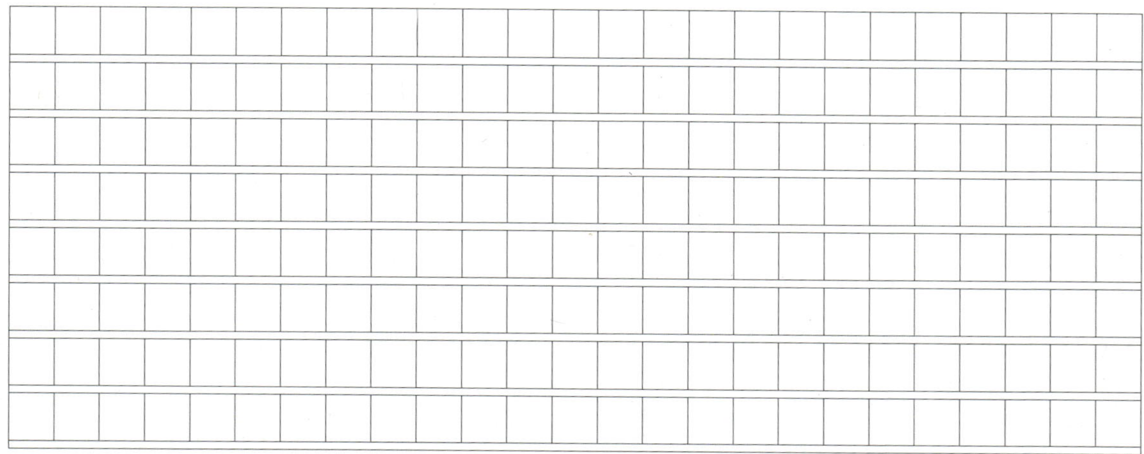

　　무역 협회 조사 결과, 한국 제품의 수출액은 지난해보다 12.5% 증가했고 수입액도 8.3% 늘어났다. 특히 전자제품, 자동차, 의류 수출액이 크게 증가하였다. 또한, 이 자료에 따르면 IT 기업들은 'app 개발', 'AI 서비스', 'online 교육' 수출을 통해 새로운 시장을 개척하고 있다.

연습 1 · 조사 기관, 대상, 내용 쓰기

> ✳ (____________)에서 (____________)을/를 대상으로 __________에 대하여 조사하였다
>   ↑   ↑   ↑
>   조사 기관   조사 대상   조사 내용

> ✺ 조사 기관, 대상이 제시되지 않았거나 써야 할 자료 내용이 많을 때
>
> 1) __________에 대하여 조사한 결과,
>   ↑
>   조사 내용
>
> 2) __________의 조사에 따르면,
>   ↑
>   조사 기관

1. 조사 기관, 대상, 내용을 참고하여 (보기)처럼 원고지에 글을 써 보세요.

◆ 예 ▪ 조사 기관 : 사회연구소   ▪ 조사 대상 : 성인 남녀 1,000명   ▪ 조사 내용 : 평균 운동 시간

사	회	연	구	소	에	서		성	인		남	녀		1,	00	0	명	을		대	상	으	로
평	균		운	동		시	간	에		대	하	여		조	사	하	였	다	.				

1) ▪ 조사 기관 : 누리시   ▪ 조사 대상 : 직장인 3,000명   ▪ 조사 내용 : 대중교통 이용자 변화

2) ▪ 조사 기관 : 건강연구소   ▪ 조사 대상 : 청소년 500명   ▪ 조사 내용 : 비만 청소년 증가 원인

3) ▪ 조사 대상 : 20대 여성   ▪ 조사 내용 : 온라인 구매 제품의 변화

2. 그래프 유형과 표현을 참고하여 보기 처럼 원고지에 글을 써 보세요.

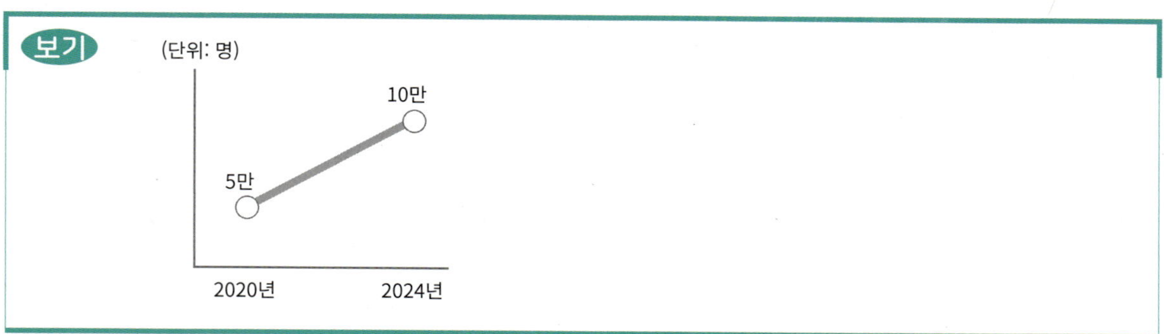

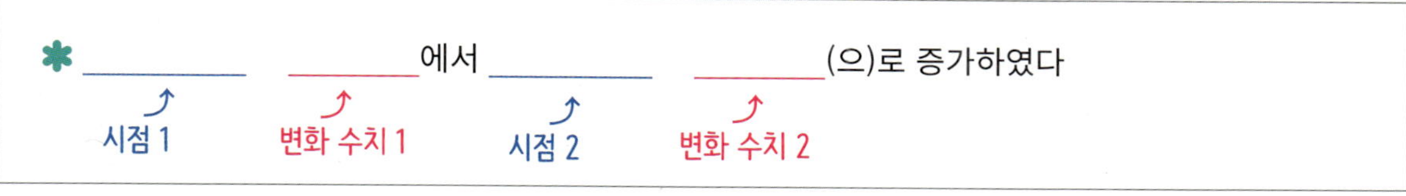

20	20	년		5	만		명	에	서		20	24	년		10	만		명	으	로		증	가
하	였	다	.																				

1)

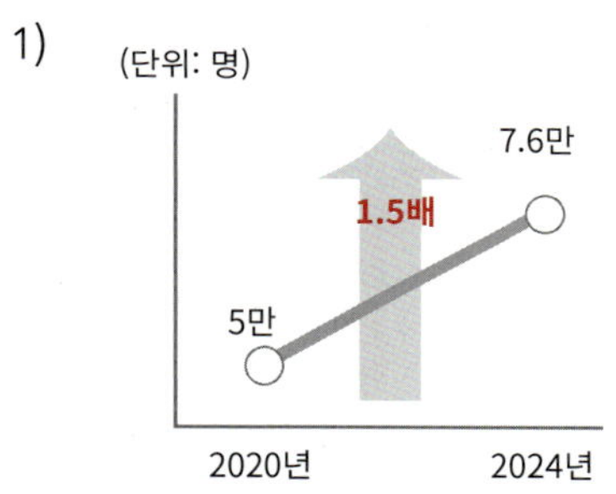

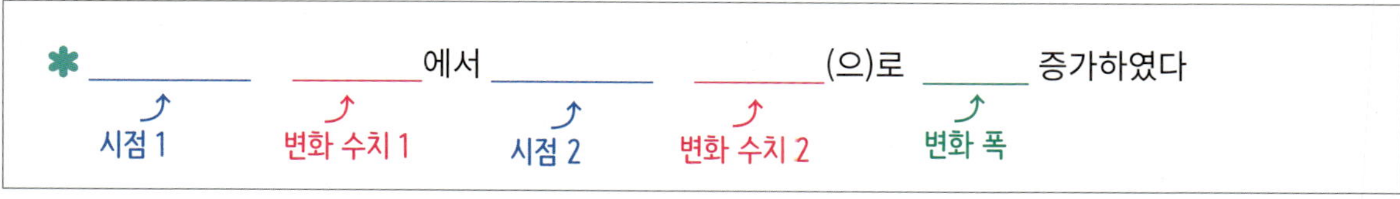

2)

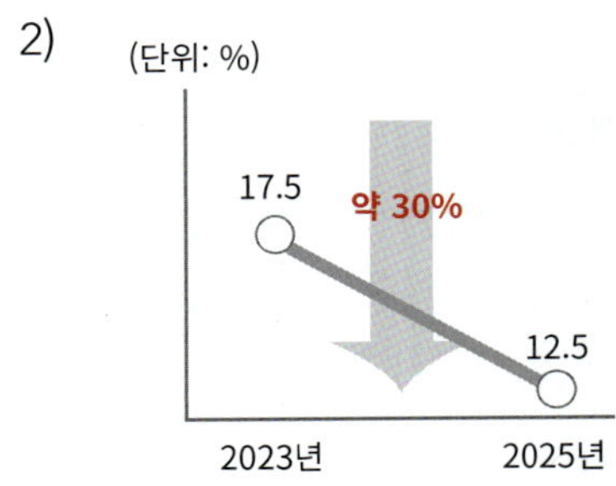

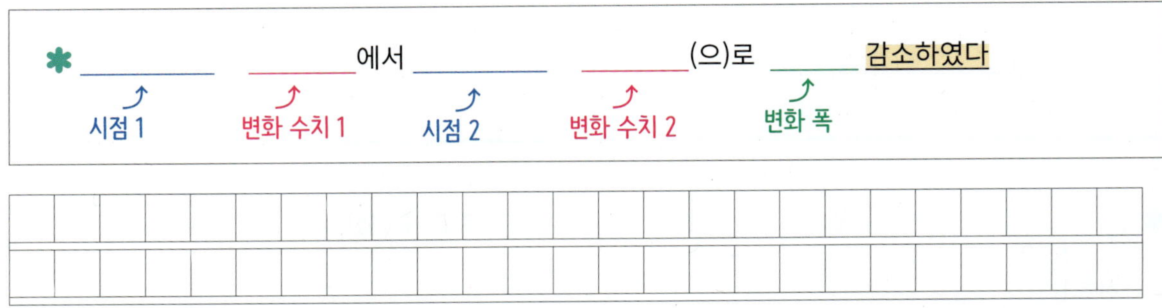

3)

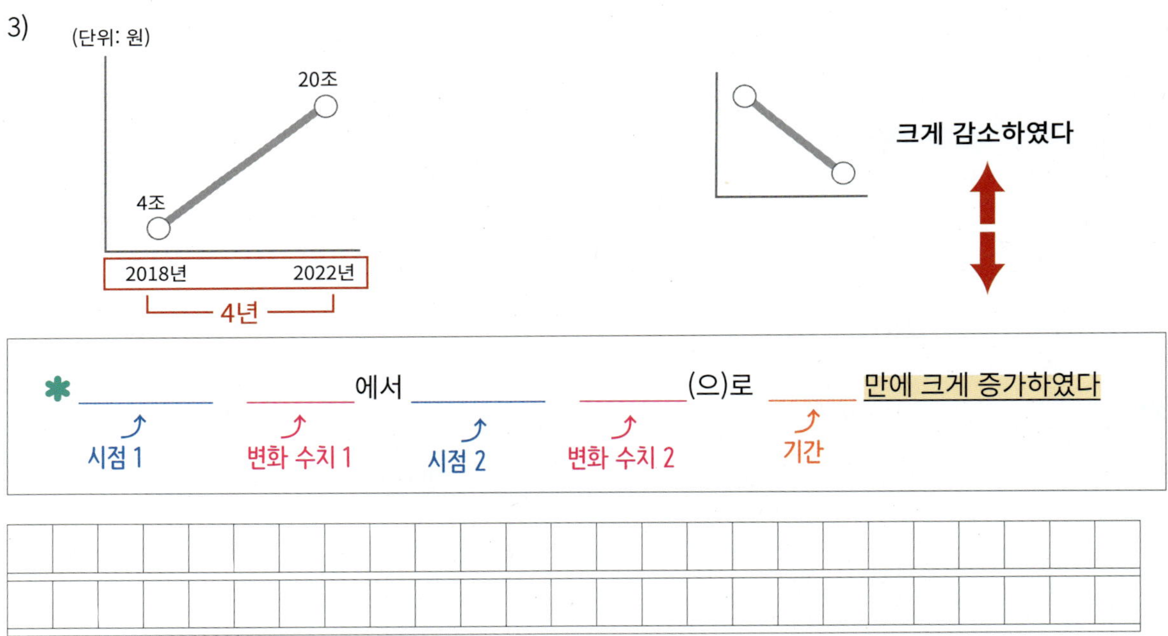

4)

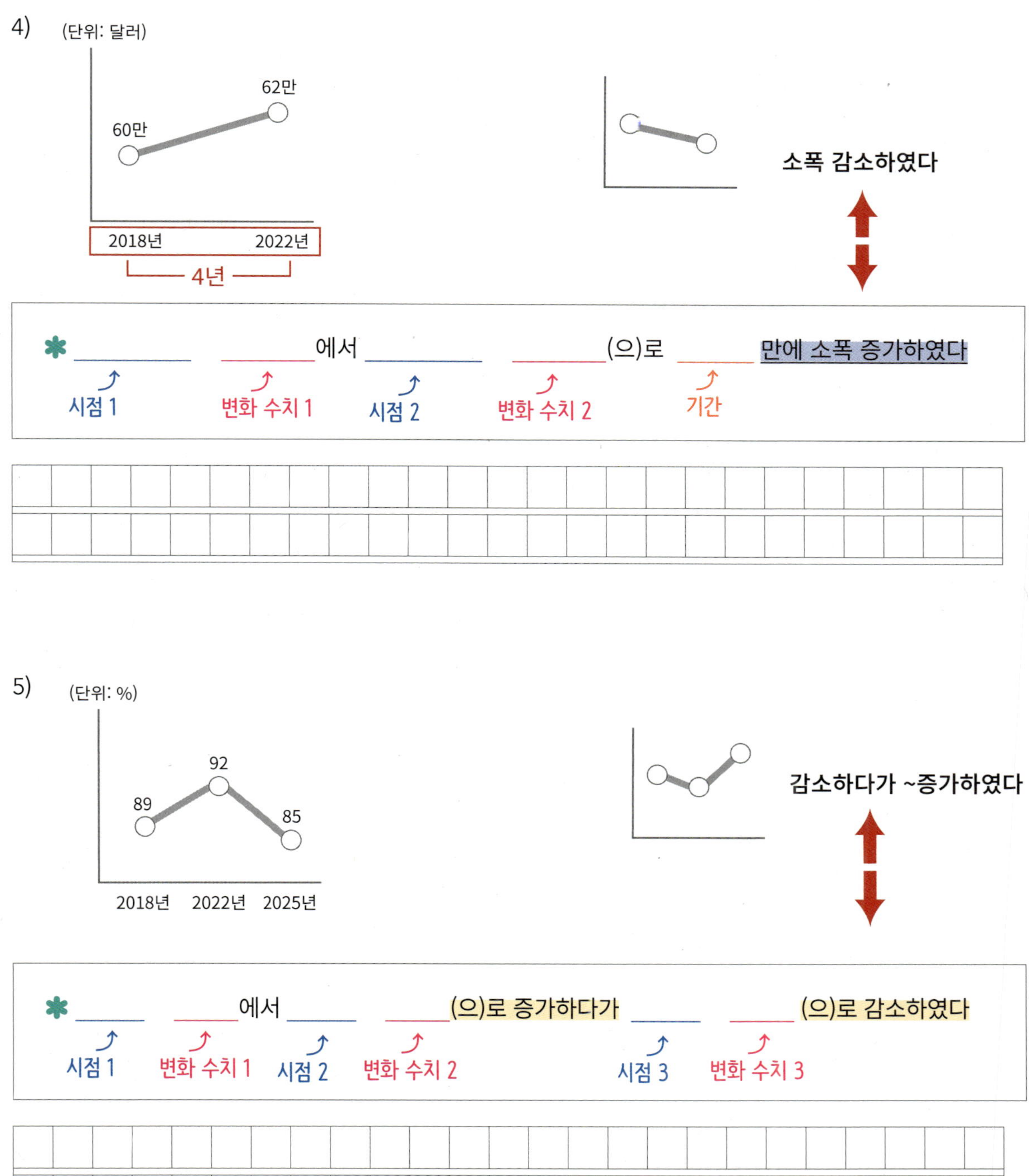

(단위: 달러)
60만
62만
2018년
2022년
4년
소폭 감소하였다
✽ __________ ________에서 ________ ________(으)로 ______ 만에 소폭 증가하였다
시점 1   변화 수치 1   시점 2   변화 수치 2   기간

(단위: %)
89
92
85
2018년   2022년   2025년
감소하다가 ~증가하였다
✽ ______ ______에서 ______ ______(으)로 증가하다가 ______ ______(으)로 감소하였다
시점 1   변화 수치 1   시점 2   변화 수치 2   시점 3   변화 수치 3

5)

3. 변화의 원인을 확인하고 **보기** 처럼 원고지에 글을 써 보세요.

✽ 이러한 변화의 원인은 ＿＿＿＿＿＿＿고, ＿＿＿＿＿＿＿기 때문인 것으로 보인다
　　　　　　　　　　　↑　　　　　　　　　↑
　　　　　　　　　원인 1　　　　　원인 2

보기

원인 1 : 20~30대의 건강에 대한 관심이 높아졌다
원인 2 : 20~30대를 위한 맞춤형 제품이 많아졌다

이	러	한		변	화	의		원	인	은		20	~	30	대	의		건	강	에		대	한
관	심	이		높	아	졌	고	,	20	~	30	대	를		위	한		맞	춤	형		제	품	이
많	아	졌	기		때	문	인		것	으	로		보	인	다	.							

---

1)　▪ 원인 1 : 스마트폰이 대중화되면서 온라인 게임 연령층이 확대되었다
　　▪ 원인 2 : 컴퓨터 게임 이용자가 온라인 게임으로 이동했다

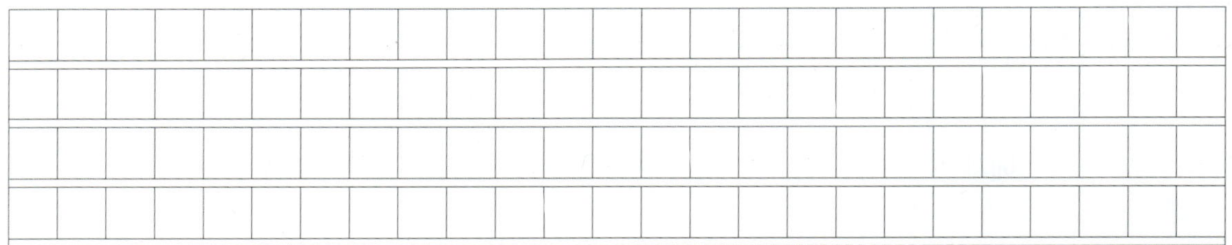

---

2)　▪ 원인 1 : 금연 정책 강화와 가격 인상으로 담배 소비가 줄었다
　　▪ 원인 2 : 금연에 대한 부정적 인식 확대와 비흡연자 중심의 사회 분위기가 확산되었다

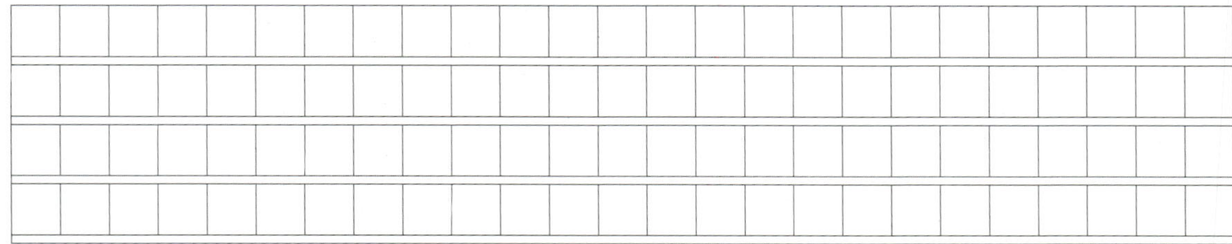

3)
- **조사 내용 :** 전기차 구매자 수 증가
- **원인 1 :** 환경 보호에 대한 관심이 증가했다
- **원인 2 :** 보조금 정책과 전기차 충전소 설치 등 정부의 지원이 확대되었다

4)
- **조사 내용 :** 모바일 선물 쿠폰 이용 증가
- **원인 1 :** 품목이 다양하며 할인 혜택이 많다
- **원인 2 :** 모바일로 간단히 전송할 수 있어서 시간과 장소에 제한이 없다

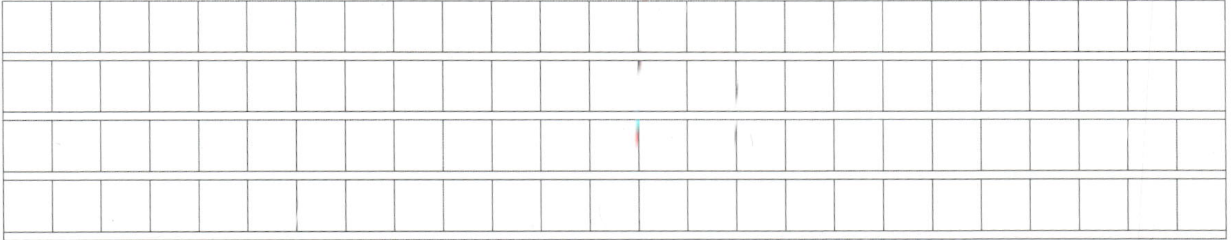

5)
- **조사 내용 :** AI 서비스 이용률 증가
- **원인 1 :** 개인화된 서비스를 제공하기 시작했다
- **원인 2 :** AI 서비스 활용으로 정보 검색과 작업 처리 시간이 단축되었다

4. 전망 표현을 참고하여 보기 처럼 원고지에 글을 써 보세요.

✽ 이러한 변화가 계속된다면 ___________이/가 _________(으)ㄹ 것으로 보인다

       ↑ 조사내용   ↑ 전망

보기

전망 : 모바일 선물 쿠폰 이용자가 꾸준히 증가하다

이	러	한		변	화	가		계	속	된	다	면		모	바	일		선	물		쿠	폰
이	용	자	가		꾸	준	히		증	가	할		것	으	로		보	인	다	.		

---

1) 전망 : 청소년의 하루 스마트폰 사용 시간이 더 늘어나다

---

v-는 반면에

2) 전망 : 전자책 매출액은 증가하다 ⟷ 종이책 매출액은 감소하다

---

3) 전망 : 온라인 쇼핑 이용자는 늘어나다 ⟷ 오프라인 쇼핑 이용자는 줄어들다

❋ 이러한 추세가 지속된다면 ___________에는 _________이/가 _________을/를 차지할 것으로 전망된다

조사내용   조사 내용   전망 수치

4) 전망 : 2040년 1인 가구 수 45%

5) 전망 : 2030년 무설탕 음료가 일반 음료보다 더 큰 비중을 차지하다

6) 전망 : 2033년 글로벌 디지털 헬스 케어 시장이 전체 헬스케어 시장의 30%

Build up

▌TOPIK 64회 기출

다음을 참고하여 '온라인 쇼핑 시장의 변화'에 대한 글을 200~300자로 쓰시오. 단, 글의 제목을 쓰지 마시오. (30점)

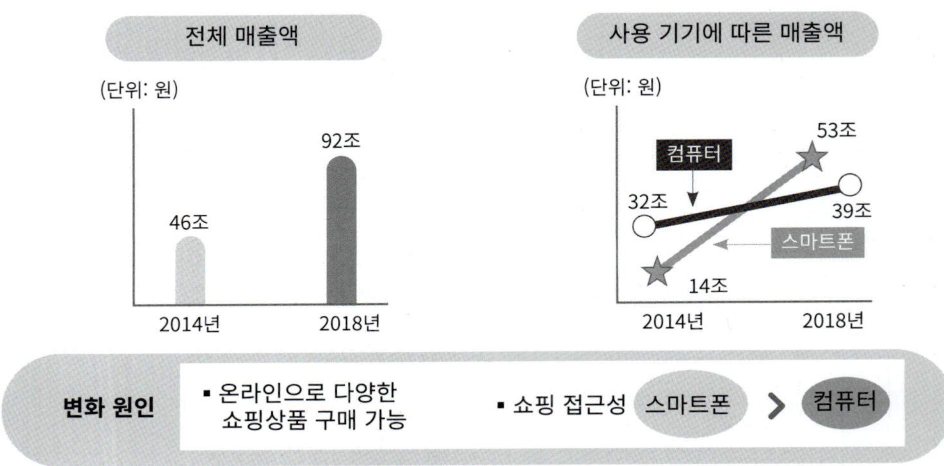

✍ 회색 글씨로 된 모범답안을 위에 그대로 써 보세요.

	온	라	인		쇼	핑		시	장		변	화	에		대	하	여		조	사	한		결	과	,
온	라	인		쇼	핑		시	장	의		전	체		매	출	액	은		20	14	년		46	조	
원	에	서		20	18	년		92	조		원	으	로		크	게		증	가	하	였	다	.		사
용		기	기	에		따	른		매	출	액	은		컴	퓨	터	의		경	우		20	14	년	
32	조		원	에	서		20	18	년		39	조		원	으	로		소	폭		증	가	한		
반	면	에		스	마	트	폰	은		20	14	년		14	조		원	에	서		20	18	년		
53	조		원	으	로		매	출	이		크	게		증	가	한		것	으	로		나	타	났	
다	.	이	와		같	이		온	라	인		쇼	핑		시	장	이		변	화	한		원	인	
은		온	라	인	으	로		다	양	한		상	품		구	매	가		가	능	해	졌	고	,	
스	마	트	폰	이		컴	퓨	터	에		비	해		쇼	핑		접	근	성	이		높	아	졌	
기		때	문	인		것	으	로		보	인	다	.												

다음은 '편의점 매출액 변화'에 대한 자료이다. 이 내용을 200~300자의 글로 쓰시오.
단, 글의 제목은 쓰지 마시오. (30점)

조사 기관 : 산업경제연구소

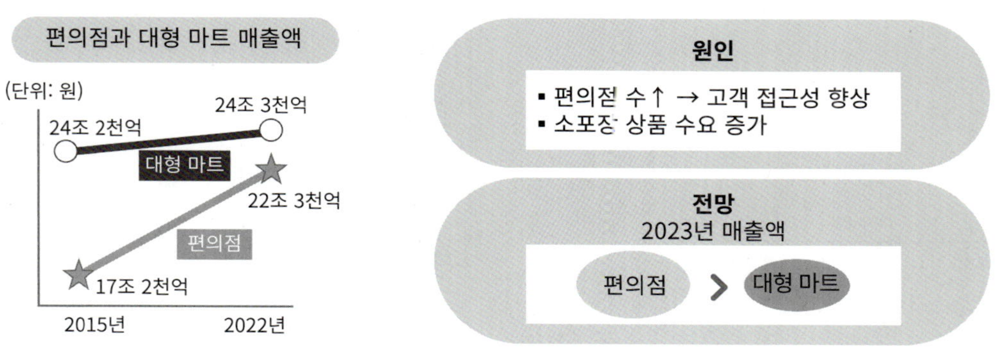

회색 글씨로 된 모범답안을 위에 그대로 써 보세요.

	산	업	경	제	연	구	소	의		조	사	에		따	르	면		대	형		마	트	의	
매	출	액	은		20	15	년		24	조		2	천	억		원	에	서		20	22	년		24
조		3	천	억		원	으	로		큰		변	화	가		없	었	다	.	그	에		비	해
서		편	의	점		매	출	액	은		20	15	년		17	조		2	천	억		원	에	서
20	22	년		22	조		3	천	억		원	으	로		크	게		증	가	한		것	을	
알		수		있	었	다	.	이	러	한		변	화	의		원	인	은		첫	째	,	편	의
점		수	가		증	가	하	여		고	객		접	근	성	이		향	상	되	었	고	,	둘
째	,	소	포	장		상	품	의		수	요	가		증	가	했	기		때	문	인		것	으
로		보	인	다	.	이	러	한		변	화	가		계	속	된	다	면		20	23	년	에	는
편	의	점		매	출	액	이		대	형		마	트	를		넘	어	설		것	으	로		전
망	된	다	.																					

1. 다음을 참고하여 '돼지고기 소비량 변화'에 대한 글을 200~300자로 쓰시오. 단, 글의 제목을 쓰지 마시오. (30점)

조사 기관 : 농림축산식품부

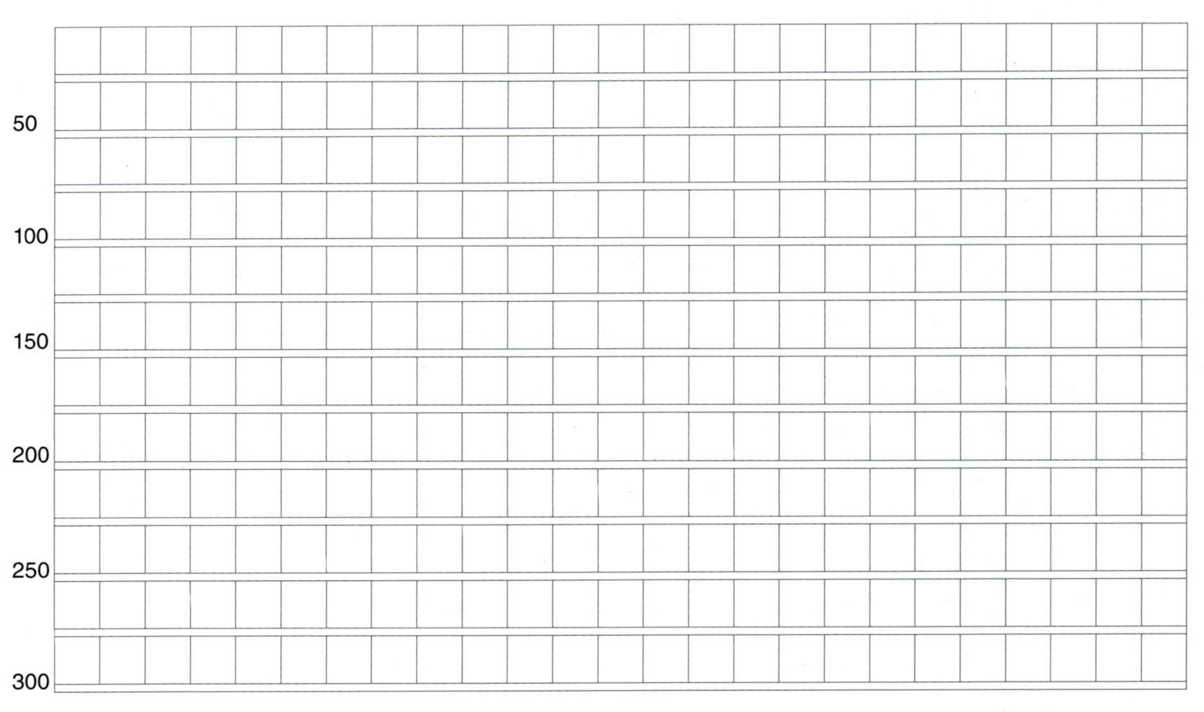

2. 다음을 참고하여 '한국 전통 기념품 매출액 변화'에 대한 글을 200~300자로 쓰시오. 단, 글의 제목을 쓰지 마시오. (30점)

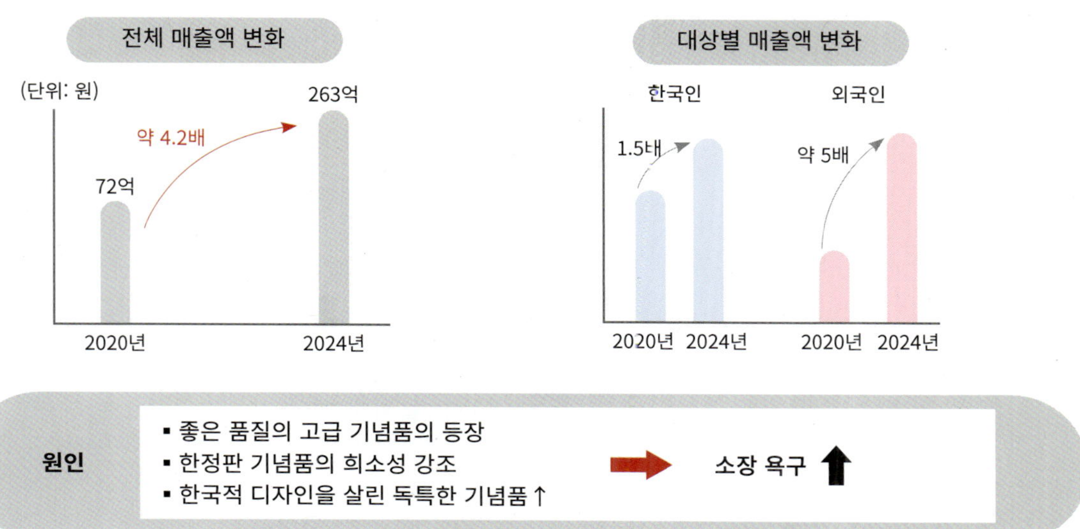

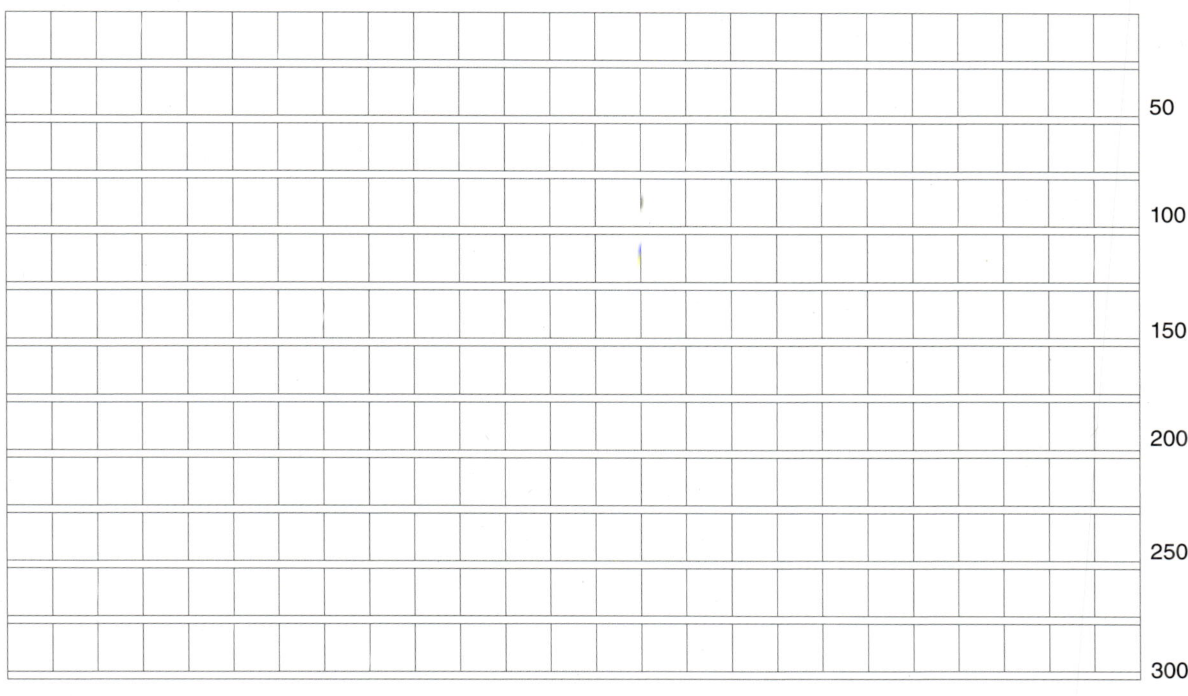

3. 다음은 '연령별 스마트폰 앱 사용 현황'에 대한 조사 결과이다. 이 내용을 바탕으로 200 ~300자로 쓰시오. 단, 글의 제목을 쓰지 마시오. (30점)

조사 기관 : 정보통신연구원

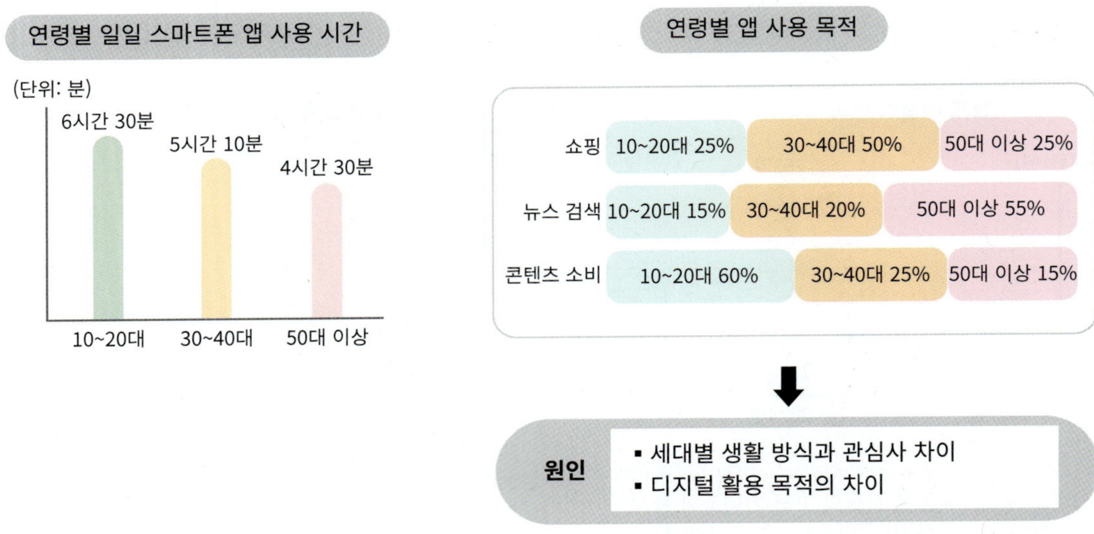

4. 다음은 '지구 평균 기온 변화의 문제와 해결 방안'에 대한 자료이다. 200~300자로 쓰시오. 단, 글의 제목을 쓰지 마시오. (30점)

조사 기관 : 한국환경연구소

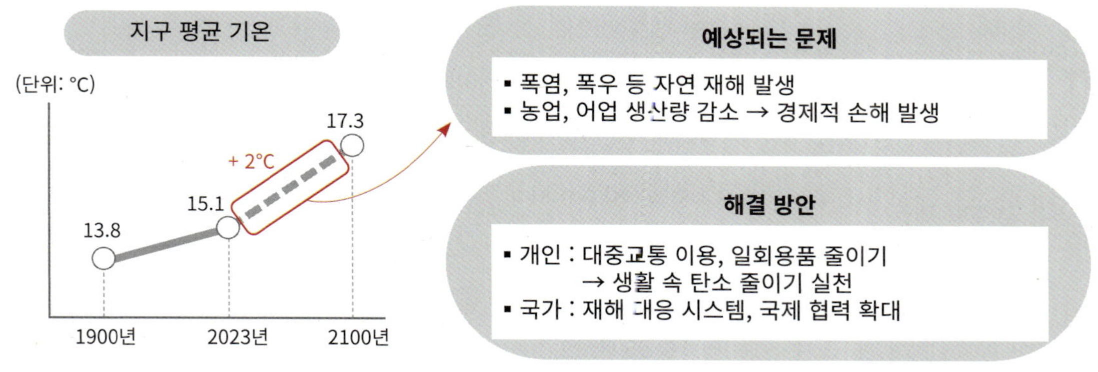

정답 및 해설의 '정답 작성 전략'을 활용하여 자신이 쓴 답을 점검해 보세요.

Build up

페이지	어휘	의미
p.69	N배	영 -fold 일 N倍(ばい) 중 N倍 베 gấp N lần
p.71	소폭	영 slightly 일 少し, わずかに 중 小幅 베 tăng, giảm nhẹ
p.72	연령층	영 age group 일 年齢層 중 年龄层 베 nhóm độ tuổi
	맞춤형 제품	영 customized product 일 オーダーメイド商品 중 定制产品 베 sản phẩm tùy chỉnh
	-이/가 대중화되다	영 became widespread 일 大衆化される 중 大众化 베 trở nên phổ biến
p.73	품목	영 item, product type 일 品目 중 品类 베 mặt hàng
	구매자	영 buyer / purchaser 일 購入者 중 购买者 베 người mua
	보조금	영 subsidy, financial support 일 補助金 중 补贴 베 tiền trợ cấp
	충전소	영 charging station 일 充電所 중 充电站 베 trạm sạc
	-을/를 전송하다	영 to send / to transmit 일 送信する 중 发送 베 truyền, gửi (dữ liệu)
	-이/가 확대되다	영 to be expanded, to grow 일 拡大される 중 扩大 베 được mở rộng
p.75	추세	영 trend 일 傾向 중 趋势 베 xu hướng
	비중	영 proportion, share 일 比重 중 比重, 比例 베 tỷ trọng
	무설탕 음료	영 sugar-free drink 일 無糖飲料 중 无糖饮料 베 đồ uống không đường
	-을/를 차지하다	영 to occupy, to account for 일 占める 중 占据 베 chiếm
p.78	원산지	영 country of origin 일 原産地 중 原产地 베 xuất xứ
	소비량	영 amount of consumption 일 消費量 중 消费量 베 lượng tiêu thụ
	국내산	영 domestic product, made in Korea 일 国産 중 国产 베 hàng nội địa
	수입산	영 imported product 일 輸入品 중 进口 베 hàng nhập khẩu
	가공식품	영 processed food 일 加工食品 중 加工食品 베 thực phẩm chế biến

페이지	어휘	의미
p.79	한정판	(영) limited edition (일) 限定版 (중) 限量版 (베) phiên bản giới hạn
	희소성	(영) rarity, scarcity (일) 希少性 (중) 稀缺性 (베) tính khan hiếm
	소장 욕구	(영) desire to collect (일) 所蔵欲 (중) 收藏欲 (베) nhu cầu sưu tầm
	-이/가 등장하다	(영) to appear, to emerge (일) 登場する (중) 出現 (베) xuất hiện
	-을/를 살리다	(영) to capture, to bring out (일) 活かす (중) 体现 (베) phát huy
	-이/가 독특하다	(영) to be unique (일) 独特だ (중) 独特 (베) độc đáo
p.80	세대	(영) generation (일) 世代 (중) 世代 (베) thế hệ
	방식	(영) method, way (일) 方式 (중) 方式 (베) cách thức
	콘텐츠	(영) content (일) コンテンツ (중) 内容, 内容物 (베) nội dung số
	관심사	(영) interest, topic of interest (일) 関心事 (중) 关注点 (베) mối quan tâm
	디지털	(영) digital (일) デジタル (중) 数字的, 数码 (베) kỹ thuật số
p.81	폭염	(영) heat wave, extreme hect (일) 猛暑 (중) 热浪 (베) sự nóng bức
	폭우	(영) heavy rain, downpour (일) 豪雨 (중) 暴雨 (베) mưa lớn
	농업	(영) agriculture, farming (일) 農業 (중) 农业 (베) nông nghiệp
	어업	(영) fishing industry, fishery (일) 漁業 (중) 渔业 (베) ngư nghiệp
	손해	(영) damage, loss (일) 損害 (중) 损失 (베) thiệt hại
	탄소	(영) carbon (일) 炭素 (중) 碳 (베) cacbon
	자연 재해	(영) natural disaster (일) 自然災害 (중) 自然灾害 (베) thiên tai
	재해 대응	(영) disaster response (일) 災害対応 (중) 灾害应对 (베) ứng phó thiên tai
	국제 협력	(영) international cooperction (일) 国際協力 (중) 国际合作 (베) hợp tác quốc tế
	-을/를 실천하다	(영) to practice, to carry out (일) 実践する (중) 实践 (베) thực hiện

1. 알맞은 어휘 찾기

◎ 다음 문장을 읽고 (   )에 알맞은 어휘를 고르세요.

1) 20대, 30대 (   )에서 이용률이 가장 높게 나타났다.

    ① 연령층　　　　② 노인층　　　　③ 아동층　　　　④ 고령층

2) 최근에는 개인의 취향을 반영한 (   ) 서비스가 확대되었다.

    ① 이용형　　　　② 이동형　　　　③ 맞춤형　　　　④ 사용형

3) 이 자료에 따르면 전체적으로 온라인 소비가 증가하는 (   )를 보이고 있다.

    ① 감소　　　　② 추세　　　　③ 비교　　　　④ 규모

4) 2020년 서울 공유 자전거 사용자 수는 서울 인구의 약 25%를 (   ).

    ① 증가하였다　　② 실천하였다　　③ 차지하였다　　④ 감소하였다

5) 공공장소에 충전 시설이 (   ) 스마트 기기 이용이 더욱 확대되었다.

    ① 감소되면서　　② 차지되면서　　③ 제한되면서　　④ 설치되면서

6) 최근 몇 년 사이에 다양한 형태의 공유 서비스가 (   ) 이용 방식에 변화가 나타났다.

    ① 등장하면서　　② 표현하면서　　③ 전송하면서　　④ 실천하면서

7) 공공 교통수단의 접근성이 개선되어서 이용 대상이 전 연령층으로 (   ).

    ① 실천되었다　　② 변화되었다　　③ 유입되었다　　④ 확대되었다

정답

1) ①　2) ③　3) ②　4) ③　5) ④　6) ①　7) ④

2. 같은 그래프, 다른 표현 바꿔 쓰기

☑ 같은 그래프를 설명하는 문장을 보고 **의미가 다른 표현을 하나** 고르세요.

1)

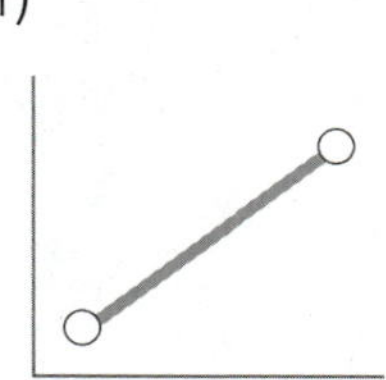

최근 3년간 온라인 쇼핑 이용률은 꾸준히 (　　　　).

① 낮아졌다　　　　② 늘어났다　　　③ 증가하였다

2)

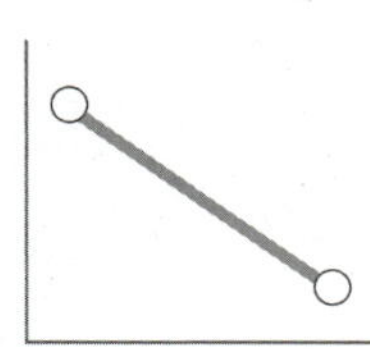

2022년 이후 오프라인 매장 방문 비율은 전반적으로 (　　　　).

① 감소하였다　　　　② 상승하였다　　　③ 하락하였다

3)

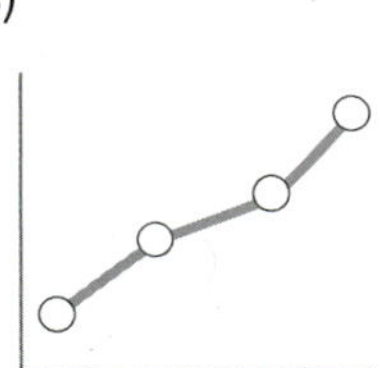

공유 킥보드 서비스 도입 이후 이용 대상이 점점 (　　　　).

① 늘어났다　　　　② 확대되었다　　　③ 고정되었다

4)

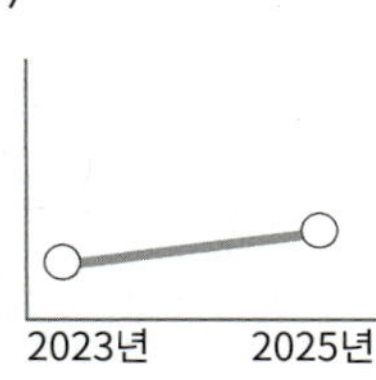

중장년층의 스마트폰 이용 시간은 2년 동안 (　　　　).

① 대폭 늘어났다　　　② 거의 변화가 없었다　　　③ 비슷한 수준을 유지했다

5)

대중교통 이용자 수는 증가한 반면에 작년 택시 이용자 수의 증가 폭은 (　　　　).

① 미비했다　　　　② 크지 않았다　　　③ 크게 늘었다

정답

1) ①　**2)** ②　**3)** ③　**4)** ①　**5)** ③

Part

주제를 보고 긴 글쓰기

04

54. 내 의견 쓰기

Warm up

54번 문제는 **주어진 주제**에 대해 자신의 **생각이나 주장**을 논리적인 근거를 들어 쓰는 **논술형** 문제입니다. 도입-전개-마무리의 3~4단락을 600~700자 이내로 작성합니다. 제시된 소주제 내용과 근거를 논리적으로 제시하고 중급 이상의 어휘와 문법을 사용하는 것이 좋습니다.

문제 해결을 위한 연습

P.92~93　도입 쓰기 연습　　　P.94~98　전개 쓰기 연습

P.99~103　마무리 쓰기 연습

● 최근 시험에 나온 유형 이해하기

회차	주제	소주제 1	소주제 2	소주제 3
101회	재택근무	장점	문제점	해결 방안
97회	차별	종류	문제점	해결 방안
96회	직장 내 자율성	장점	문제점	해결 방안
91회	가짜 뉴스의 등장	등장 배경	문제점	해결 방안

☀ 문제점과 해결 방안 유형 전략

글을 쓰기 전에 주제를 분석하여 문제점 2~3가지와 해결 방안 2~3가지를 먼저 정리하고, 해결 방안이 문제점과 논리적으로 일치하는지 확인하며 글을 씁니다.

회차	주제	소주제 1	소주제 2	소주제 3
98회	응원과 격려	**필요성**	부작용	**효과적인 방법**
95회	기업의 사회적 책임	**중요성**	구체적 예	**필요한 태도**
89회	재능	**필요성**	방해 요소	**필요한 태도**
83회	창의력	**필요성**	긍정적 효과	**필요한 태도**

☀ 필요성과 태도 유형 전략

우리 사회에 필요한 가치나 태도에 대한 글을 쓸 때는 '필요성 → 긍정적인 효과 또는 방해 요소 → 바람직한 태도나 방법'의 순서로 생각을 정리한 후, 글을 작성해야 합니다.

| TOPIK 83회 기출

다음을 참고하여 600~700자로 글을 쓰시오. 단, 문제를 그대로 옮겨 쓰지 마시오. [50점]

창의력은 새로운 것을 생각해 내는 능력이다. 현대 사회는 개인에게 창의력을 더 많이 요구하고 있다. 아래의 내용을 중심으로 '창의력의 필요성과 이를 기르기 위한 노력'에 대해 자신의 생각을 쓰라.

- 창의력이 필요한 이유는 무엇인가?
- 창의력을 발휘했을 때 얻을 수 있는 성과는 무엇인가?
- 창의력을 기르기 위해서 어떠한 노력을 할 수 있는가?

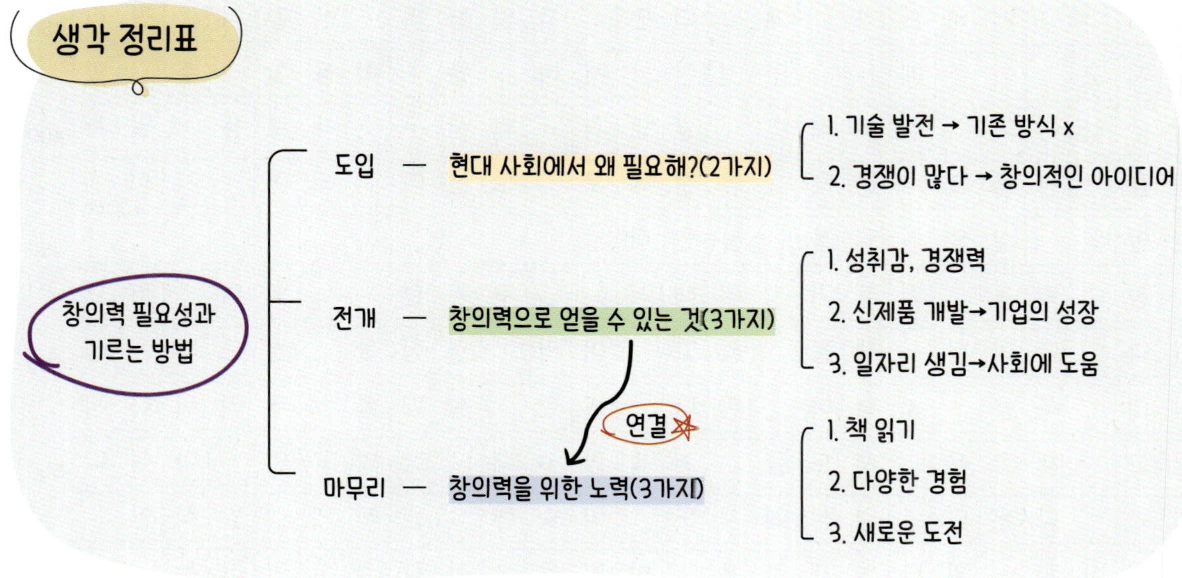

도입
창의력의 필요성
– 배경

기술과 문화가 빠르게 변하는 현대사회는 개인에게 높은 수준의 창의력을 요구한다. 인공지능과 여러 새로운 기술이 계속 등장하면서 기존의 방식으로 문제를 해결하기 어렵고, 다양한 방법을 찾아야 한다. 특히 치열한 경쟁 속에서 살아남으려면 끊임없이 창의적인 아이디어를 생각해야 한다.

전개
창의력의
좋은 점
(3가지)

창의력을 발휘했을 때 얻을 수 있는 성과는 다양하다. 개인은 창의적인 아이디어로 문제를 해결하면 성취감을 느낄 수 있고, 다른 사람들과 차별화된 경쟁력을 가질 수 있다. 또한 창의적인 아이디어는 기업의 성장을 이끌고, 사회 전체에도 긍정적인 변화를 가져온다. 예를 들어 새로운 제품이나 서비스가 개발되면 사람들의 생활이 편리해지고, 기존에는 없었던 서비스를 이용할 수 있다. 나아가 창의적인 발명과 혁신은 새로운 일자리를 만들고 경제 발전에도 도움이 되어 사회 전반의 삶의 질을 높인다.

마무리
창의력을
위한 노력
(3가지)

창의력을 기르기 위해서는 꾸준한 노력이 필요하다. 다양한 책을 읽고 여러 경험을 쌓으며 생각의 폭을 넓혀야 한다. 또한 실패를 두려워하지 않고 새로운 시도를 계속할 때 창의적인 아이디어가 나온다. 일상에서도 익숙한 원래의 방식만 고집하지 말고 새로운 방법을 항상 고민하는 습관이 필요하다. 이러한 과정을 통하여 창의력을 기르고, 어려운 문제도 해결할 수 있는 힘을 얻게 된다.

Level up

🔵 내 의견 쓰기 문제, 주의 포인트

1) 도입-전개-마무리 없이 한 단락으로 쓰지 마세요.

   글을 반드시 3~4단락으로 나누어 쓰고, **각 단락의 첫 칸은 비우고** 시작하세요.

2) 나의 직접적인 경험을 바탕으로 쓰지 마세요.

   예) **나는 어렸을 때는** 창의적이지 않았지만 대학 시절 여러 동아리 활동을 통해 창의력이 향상되었다.

3) 일상 생활에서 사용하는 '구어체' 표현을 절대 쓰지 마세요.

   예) 요즘 사회에서 창의력이 **대박** 중요하다. **근데** 창의력을 기르기 **되게** 힘들다.

🔵 내 의견 쓰기 문제, 만점 포인트

1) 대주제와 소주제에서 핵심 단어를 확인합니다.

   예) 디지털 기기 의 사용 증가로 인한 **장점**과 **문제점**에 대해 쓰라.

2) 도입–전개–마무리 구조를 시험지 빈칸에 간단히 메모하십시오.

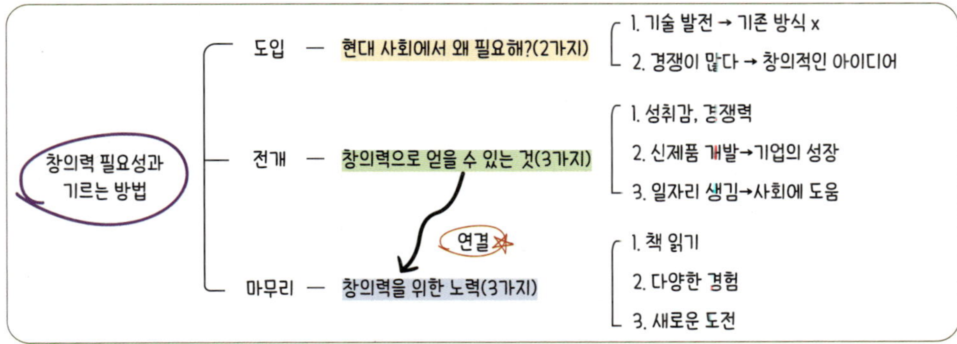

3) 글씨는 깨끗하게 쓰고, 철자와 맞춤법을 확인하세요.

   예) 디지**탈** 기기는 우리 생**할이** 필요한다. (X) → 디지털 기기는 우리 생활에 필요하다.
       철자 오류   맞춤법 오류

4) 문장을 연결해 주는 '연결 표현'을 다양하게 사용하세요. 글의 완성도와 쓰기 점수를 높일 수 있어요.

   예) 그래서, 그러나, 또한, 따라서, 첫째, 둘째 등등

| 도입 쓰기 | 전개 쓰기 | 마무리 쓰기 |

> '도입'은 글의 주제를 소개하는 부분입니다. 주제의 배경이나 문제 상황을 제시하고 **본인의 핵심 주장**을 정확하게 소개합니다.

'도입'에서 사용할 수 있는 표현

	기능	표현
도입	배경 제시 – 변화 설명	• (　) 속에서 N이/가 점점 확대되고 있다. • (　) 속에서 N이/가 빠르게 늘어나고 있다.
	원인/배경 – 결과/현상	• (　) 때문에 N이/가 급격히 증가하고 있다. • N에 대한 (　)이/가 증가함에 따라 (　)이/가 늘어나고 있다.
	주제 – 특징 설명	• N은/는 (　) 측면에서 주목받고 있다. • N은/는 (　)는 점에서 주목을 받고 있다.
	개념 정의	• N이란 (　)을/를 말한다. • N이란 (　)을/를 의미한다.
	필요성 강조	• N은/는 (　)에 꼭 필요한 요소이다. • 현대 사회에서는 (　)을/를 위해서 N이/가 필요하다.
	문제 제시	• N을/를 위해서 우리는 어떤 노력이 필요할까? • N은/는 많은 장점이 있지만 해결해야 할 문제점도 가지고 있다.

1. '도입'에서 사용할 수 있는 표현을 참고하여 보기 처럼 문장을 완성하세요.

> **보기**
>
> 디지털 기술의 발달 [배경 제시] + 온라인 수업 증가 [변화 설명]
> → 디지털 기술의 발달 속에서 온라인 수업이 빠르게 늘어나고 있다.

1) 스마트폰은 많은 장점 [장점] + 여러 문제점 [문제점]

→

2) 디지털 사회에서 올바른 격려와 응원 [문제제시]

→

3) 고령화와 핵가족화 [원인] + 1인 가구가 급격히 증가 [결과]

→

4) 급변하는 사회 [배경] + 평생 교육의 중요성이 점점 확대 [변화]

→

5) 4.5일 근무제 [주제] + 일과 생활의 균형을 유지 [특징 설명]

→

6) 디지털 기술 발전 [배경] + 비대면 서비스가 빠르게 늘어남 [변화]

→

7) 리더십 [개념] + 의견을 조율하고 같은 목표를 향해 나가는 것 [설명]

→

8) 현대 사회에서는 원활한 소통 [이유/목표] + 공감과 경청이 필요 [필요성]

→

| 도입 쓰기 | 전개 쓰기 | 마무리 쓰기 |

▶ '전개'는 글의 중심 내용을 쓰는 부분입니다. 제시된 소주제 3가지를 모두 포함하여 주장에 대한 논리적 근거와 다양한 의견을 구체적으로 설명합니다.

◑ '전개'에서 사용할 수 있는 표현

	기능	표현
전개	순서	• 첫째, [핵심 주장 1]→ 둘째, [핵심 주장 2] → 셋째, [핵심 주장 3] 예) 성공적인 계획 실행을 위해서 **첫째**, 개인의 노력이 필요하다. **둘째**, 지속적인 시간 관리가 필요하다. **셋째**, 제도적인 지원도 필요하다.
		• 먼저 [생각해 볼 점 1] → 다음으로 [생각해 볼 점 2] 예) 성공적인 계획 실행을 위해서 **먼저** 구체적인 목표 설정에 대해 생각해 볼 필요가 있다. **다음으로** 계획을 꾸준히 실천할 수 있는 방법도 고민해야 한다.
	확장	• 나아가 [개인→ 사회] 예) 개인의 노력이 꼭 필요하다. **나아가** 사회 차원에서도 제도적인 지원을 해야 한다.
	대조	• 하지만 / 그렇지만 예) 계획을 세우는 것은 비교적 쉽다. **하지만 / 그렇지만** 이를 끝까지 실천하는 것은 매우 어렵다.
	의미 창조	• 즉 / 다시 말해 예) 성공적인 계획 실행을 위해서는 꾸준한 실천이 필요하다. **즉 / 다시 말해** 계획을 꾸준히 행동하는 것이 중요하다.
	예시 제시	• 가령 / 예를 들어 / 예를 들면 예) 계획을 구체적으로 세워야 실천하기 쉽다. **가령 / 예를 들어 / 예를 들면** 하루에 10분씩 정해진 일을 계속 하는 것이다.

2. '전개'에서 사용할 수 있는 표현을 참고하여 보기 처럼 짧은 글을 완성하세요.

주제 : 온라인 수업의 확산

문제점 : ① 교사와 학생, 학생과 학생 간 의사소통이 줄어들다

② 수업 집중력 저하로 인하여 학습 효과가 떨어지다

③ 인터넷 환경이나 사용 능력에 따라 학습 수준 차이가 발생할 수 있다

디지털 기술의 발달 속에서 온라인 수업이 빠르게 늘어나고 있다. **그러나 온라인 수업은 해결해야 될 문제점도 가지고 있다.** 첫째, 교사와 학생, 그리고 학생과 학생 간의 의사소통이 줄어든다. 이는 대인 관계를 어렵게 하고, 학습 분위기가 약해지는 결과로 이어질 수 있다. 둘째, 수업 집중력 저하로 인해 학습 효과가 떨어진다. 집이나 개인 공간에서 수업을 듣기 때문에 주변 환경에 쉽게 방해를 받는다. 셋째, 인터넷 환경과 사용 능력에 따라 학습 수준 차이가 발생한다. 결국, 학생 간 교육 격차가 더 커질 수 있다.

1) • 주제 : 4.5일 근무제의 긍정적인 효과

• 장점 : ① 교통비를 절약할 수 있다

② 집중력이 향상되어 생산성이 높아질 수 있다

③ 여가 시간을 가질 수 있고 가족과 더 많은 시간을 보낼 수 있다

4.5일 근무제는 일과 생활의 균형을 유지할 수 있다는 점에서 중요한 의미가 있다. **4.5일 근무제를 시행하면 여러 가지 긍정적인 변화를 가져올 수 있다.**

2) ▪ 주제 : 스마트폰 보급의 장점과 문제점
   ▪ 문제점 : ① 개인 정보 유출 문제가 생길 수 있다
             ② 사람들과 직접 얼굴을 보며 대화하는 시간이 줄어들다
             ③ 스마트폰 중독으로 수면 부족이나 집중력 저하 문제가 발생하다

　스마트폰 보급은 정보를 쉽고 빠르게 얻을 수 있다는 장점이 있다. **그러나 여러 가지 문제점도 나타난다.**

3) ▪ 주제 : 비대면 서비스의 확산
   ▪ 확산 원인 : ① 스마트폰과 인터넷 기술의 발달
              ② 대면 접촉을 피하는 사회 분위기
              ③ 언제 어디서나 빠르고 편리하게 이용할 수 있다

　디지털 기술의 발전으로 인하여 비대면 서비스가 빠르게 확산되고 있다. **이러한 변화의 배경에는 몇 가지 이유가 있다.**

4) ▪ 주제 : 리더십의 필요성과 효과

  ▪ 효과 : ① 집단의 목표를 효과적으로 달성할 수 있다

           ② 구성원 간의 협력과 신뢰가 강화되다

           ③ (나아가) 더 큰 성취감을 느낄 수 있고 사회 변화를 이끌 수 있다

              의의 제시-'나아가'를 앞에 사용하세요.

현대 사회에서 리더십은 중요하다. 리더십을 발휘하면 긍정적인 결과를 얻을 수 있다.

5) ▪ 주제 : 디지털 사회에서의 공감과 경청

  ▪ 문제점 : ① 대인 관계의 갈등이 심화되다

            ② 다른 사람의 감정을 이해하지 못하게 되다

            ③ (나아가) 사회 전반의 공동체 의식이 약화되어 심각한 단절을 유발할 수 있다

               가장 큰 문제 제시-'나아가'를 앞에 사용하세요.

디지털 사회에서 다른 사람들과 원활한 소통을 위해서 공감과 경청이 필요하다. 그러나 현대 사회에서는 공감과 경청이 줄어들고 있다. **공감과 경청이 부족하면 여러 가지 문제가 발생한다.**

6) ▪ 주제 : 격려와 응원의 방법
　　▪ 격려와 응원의 잘못된 예시 : ① "넌 무조건 잘할 거야."
　　　　　　　　　　　　　　　　② "그 사람도 했는데 너는 왜 못해?"
　　　　　　　　　　　　　　　　③ "이 정도도 못하면 큰일이지."
　　▪ 보충 : 진심이 담긴 격려와 응원은 상대방의 노력을 인정하고 용기를 주는 말이다

　　　우리는 새로운 일을 시작하거나 실패를 경험했을 때 주위 사람들에게 격려와 응원을 받는다. **그러나 모든 격려와 응원이 긍정적인 것은 아니다.**

7) ▪ 주제: 성인 학습자의 언어 학습
　　▪ 효과적인 방법: ① 학습한 표현을 생활에서 꾸준히 기억하고 반복하다
　　　　　　　　　　 ② 학습 내용을 정리하고 부족한 부분을 스스로 확인하다
　　▪ 의미 정리: 즉, 지속적인 반복과 자기 점검이 언어 학습의 효율을 높이다

　　　성인 학습자가 언어를 효율적으로 학습하기 위해서는 체계적인 학습 방법이 중요하다. **먼저**

| 도입 쓰기 | 전개 쓰기 | 마무리 쓰기 |

▶ '마무리'는 주제에 대한 나의 생각을 강조하고 글을 정리하는 부분입니다. **해결 방안이나 주제의 필요성을 강조**하고, 우리가 해야 할 노력 등을 쓴 뒤에 자신의 입장이나 **긍정적인 전망**으로 글을 끝내세요.

◑ '마무리'에서 사용할 수 있는 표현

	기능	표현
마무리	개인의 노력/태도	• 개인 측면에서는 (　)을/를 해야 한다. • 우리는 (　)을/를 위한 노력이 필요하다.
	기업/사회의 노력/태도	• 기업 (측면)에서는 (　)을/를 지원해야 한다 / 개선해야 한다. • 사회 (측면)에서는 (　)을/를 할 수 있는 환경을 만들어야 한다.
	긍정적 영향	• 이러한 노력은 여러 측면에서 긍정적인 영향을 미친다. • 이를 통해 (　)을/를 기대할 수 있다.
	입장 강조	• (　)을/를 함께한다면 (　)을/를 가져올 것이다. • (　)이/가 뒷받침된다면 (　)을/를 만들 수 있다.
	종합 요약	• 위에서 살펴본 것과 같이 (　).
	정책 필요성	• 따라서 (　)을/를 위한 지원/정책이 시급히 마련되어야 한다.

3. '마무리'에서 사용할 수 있는 표현을 참고하여 보기처럼 짧은 글을 완성하세요.

> **주제 :** 온라인 수업의 확산의 문제점과 해결방안
> **개인의 노력 :** ① 학습 계획을 세우고 집중력을 유지해야 하다
> **사회의 노력 :** ② 안정적인 환경 제공을 위하여 인터넷 기기를 지원하다
> ③ 다양한 교육 프로그램과 제도를 마련하다
>
> <마무리>
> 디지털 기술의 발달 속에서 온라인 수업이 빠르게 늘어나고 있다. 그러나 온라인 수업은 여러 가지 문제점도 가지고 있다. 첫째, 학생 간의 소통이 줄어든다. 둘째, 수업 집중력이 떨어지고 학습 효과가 낮아질 수 있다. **이를 해결하기 위하여 개인과 사회 모두 노력해야 한다. 먼저, 개인은 학습 계획을 세우고 집중력을 유지해야 한다. 사회에서는 안정적인 환경을 제공하기 위하여 인터넷 기기를 지원하고 다양한 교육 프로그램과 제도를 마련해야 한다.**

1) ▪ 주제 : 4.5일 근무제의 긍정적인 효과
   ▪ 개인의 노력 : ① 주어진 시간 안에 일을 처리할 수 있도록 자기 관리 능력을 키워야 하다
   ② 근무 시간이 줄어든 만큼 업무의 집중력을 높이고 효율성을 향상시키다
   ▪ 기업의 노력 : 불필요한 보고와 회의를 줄이고, 업무 프로세스를 간소화하다

　4.5일 근무제는 일과 생활의 균형을 유지할 수 있다는 점에서 중요한 의미를 가진다. 특히, 4.5일 근무제를 시행하면 첫째, 교통비를 절약할 수 있고 둘째, 근로자의 여가 시간이 늘어나 삶의 만족도가 높아진다. 셋째, 충분한 휴식을 통해 업무 효율성도 향상될 수 있다. **4.5일 근무제를 안정적으로 시행하기 위해서**

2) ▪ 주제 : 스마트폰 보급의 문제점과 해결 방안

   ▪ 해결 방안 : ① 개인은 스마트폰 사용 시간을 조절하다

   ② 가족이나 친구와 같이 일정 시간을 보내다

   ③ 사회적으로는 스마트폰 중독 예방을 위한 교육과 캠페인을 실시하다

　　스마트폰 보급은 장점이 많지만 동시에 문제점도 있다. 첫째, 대면 의사소통이 감소한다. 둘째, 스마트폰 중독으로 인하여 수면 부족이나 집중력 저하 문제가 발생한다. 셋째, 넘쳐나는 정보 속에서 신뢰할 수 있는 정보를 구분하기 어렵다. **스마트폰 보급의 문제점을 해결하기 위하여**

3) ▪ 주제 : 비대면 서비스를 올바르게 활용하는 방법

   ▪ 개인의 노력 : 비대면 서비스에만 의존하지 말고 필요한 경우에는 대면 소통을 하다

   ▪ 사회의 노력 : 이용자들의 불편함을 최소화하기 위하여 서비스 접근성을 강화하다

   ▪ 입장 강조 : 비대면 서비스는 우리 삶의 편리함을 가져올 것이다

　　비대면 서비스를 올바르게 활용하기 위해서는 개인과 사회의 노력이 모두 필요하다. **먼저**

4) ▪ 주제 : 리더십의 필요성과 효과

   ▪ 가져야 할 태도 : ① 책임감과 소통 능력을 꾸준히 키워야 하다

                ② 작은 모임이나 활동에서도 실제 리더가 되어 연습하다

                ③ (나아가) 리더십은 개인의 성장을 넘어 집단과 사회 전체의 발전으로 이어지다

                확장 의미 제시-'나아가'를 앞에 사용하세요.

   현대 사회에서 리더십은 중요하다. 리더십을 발휘하면 긍정적인 결과를 얻을 수 있다. 리더십은 저절로 생기지 않는다. **리더십을 기르기 위해서는**

5) ▪ 주제 : 디지털 사회에서의 공감과 경청

   ▪ 개인의 노력 : ① 대화를 할 때 핸드폰을 보지 않고 상대방에게 집중하다

              ② 짧은 줄임말 사용보다 상대방의 감정을 존중하는 표현을 사용하다

   ▪ 사회의 노력 : 학교나 직장에서 공감과 경청의 중요성을 가르치고, 실제 상황에서 연습 기회를 제공하다

   ▪ 입장 강조 : 공감과 경청의 가치를 실천할 수 있을 것이다

   디지털 사회에서 다른 사람들과 원활한 소통을 위해서 공감과 경청이 필요하다. 그러나 현대 사회에서는 공감과 경청이 줄어들고 있다. 공감과 경청이 부족하면 대인 관계가 악화될 수 있고 신뢰가 무너질 수 있다. **이러한 이유로 디지털 사회에서 공감과 경청을 위한 노력이 필요하다.**

6) ▪ 주제 : 격려와 응원의 효과적인 방법

　　▪ 효과적인 격려와 응원의 예시 :　① "열심히 준비한 과정이 정말 대단하다."

　　　　　　　　　　　　　　　　　② "너의 노력이 좋은 결과로 이어질 거야."

　　　　　　　　　　　　　　　　　③ "네가 최선을 다하는 모습이 나에게 큰 감동을 준다."

　　▪ 입장 강조 : 상대방의 상황에 맞는 진심이 담긴 격려와 응원은 우리 사회를 더욱 따뜻하게 만들다

　　우리는 새로운 일을 시작하거나 실패를 경험했을 때 주위 사람들에게 격려와 응원을 받는다. 그러나 상대방의 기분을 고려하지 않거나 진심이 없는 격려와 응원은 오히려 상대방에게 상처를 줄 수 있다. **따라서 효과적인 격려와 응원을 하려면 말과 행동에 진심이 있어야 한다.**

7) ▪ 주제: 성인 학습자의 언어 학습

　　▪ 개인의 영향: 성인 학습자의 언어 학습은 개인의 역량 강화와 자기 계발에 기여하다

　　▪ 사회의 영향: 더 나아가 사회 전체의 의사소통 능력을 높이는 데 중요한 역할을 하다

　　▪ 종합 요약: 위에서 살펴본 바와 같이 성인 학습자의 언어 학습은 개인과 사회 모두에 긍정적인
　　　　　　　　영향을 미치다

　　앞에서 살펴본 것과 같이 성인 학습자의 언어 학습은 여러 측면에서 중요한 의미를 가진다.
개인 측면에서는

모범답안 따라 쓰기

TOPIK 기출 변형

다음을 참고하여 600~700자로 글을 쓰시오. 단, 문제를 그대로 옮겨 쓰지 마시오. (50점)

최근 재택근무에 대한 관심이 높아지면서 이를 도입하는 회사가 점점 늘어나고 있다. 재택근무란 회사나 사무실에 직접 출근하지 않고 자신의 집에서 업무를 하는 것을 의미한다. 재택근무는 근무 방식이 비교적 자유롭다는 장점이 있다. 그러나 재택근무를 시행하는 과정에서 몇 가지 문제점이 나타나기도 한다. 아래의 내용을 중심으로 '재택근무의 장점과 단점 및 해결 방안'에 대한 자신의 생각을 쓰라.

- 재택근무의 장점은 무엇인가?
- 재택근무의 단점은 무엇인가?
- 재택근무의 어려움을 해결하기 위한 방법에는 어떤 것이 있는가?

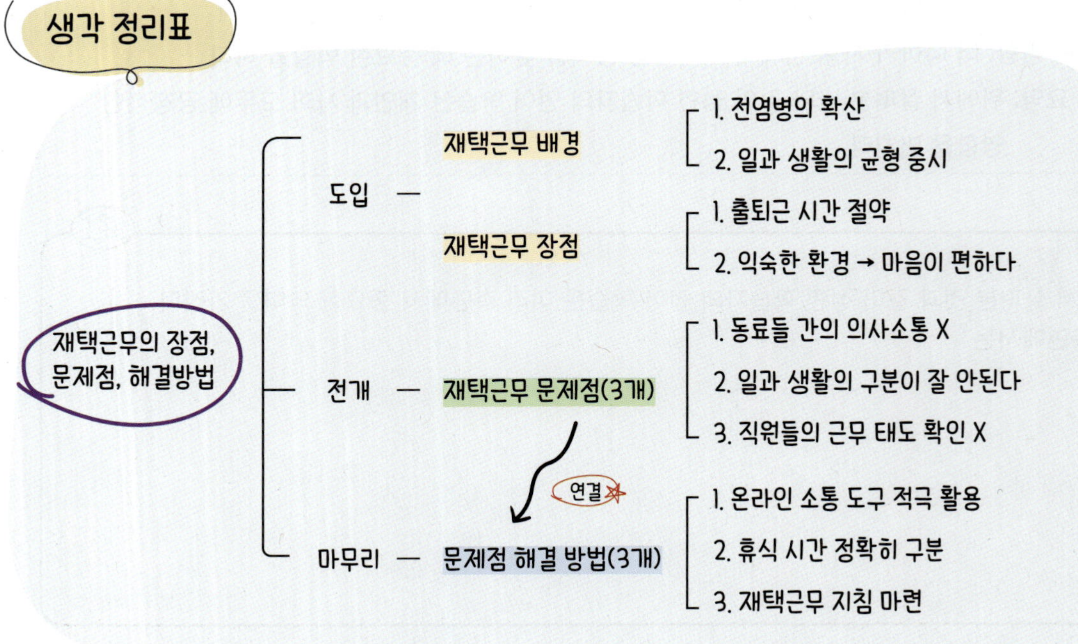

도입
배경, 장점

전염병의 확산과 일과 생활의 균형을 중시하는 분위기 속에서 재택근무가 빠르게 늘어나고 있다. 실제로 많은 회사들이 최근 재택근무를 시행하고 있다. 재택근무를 하면 출퇴근 시간을 절약할 수 있어서 여가 시간이 많아지고 출퇴근길 불편 문제도 줄일 수 있으며 교통비도 절약할 수 있다. 또한 익숙한 환경에서 일하기 때문에 마음이 편하고 가족과 함께하는 시간도 늘어난다.

전개
문제점
(3가지)

그러나 재택근무에는 여러 가지 문제점도 존재한다. 첫째, 동료들 간의 의사소통이 원활하지 않다. 직접 만나서 대화하는 시간이 적기 때문에 오해가 생기거나 협업에 문제가 생길 수 있다. 둘째, 일과 생활의 구분이 잘되지 않는다. 집에서 근무하면 일하는 시간과 쉬는 시간이 구분되지 않아 오히려 휴식이 부족해질 수도 있다. 셋째, 관리자는 직원들의 근무 태도나 성과를 확인하기 어렵다. 이로 인하여 공정한 평가가 힘들어지고 업무 효율성이 떨어질 수 있다.

마무리
해결 방안
┌개인
└회사

이러한 문제를 해결하기 위해서는 개인과 회사의 노력이 필요하다. 개인은 근무 시간과 휴식 시간 정확히 구분하고 생활 규칙을 세워야 한다. 회사는 직원들의 원활한 소통을 위하여 온라인 소통 도구를 적극적으로 지원해야 한다. 또한 재택근무 지침을 마련하여 직원들이 안정적으로 일할 수 있도록 해야 한다. 재택근무는 우리 사회에 자리 잡고 있다. 재택근무를 안정적으로 정착시키기 위하여 우리 모두 노력해야 한다.

다음을 참고하여 600~700자로 글을 쓰시오. 단, 문제를 그대로 옮겨 쓰지 마시오. (50점)

사람들은 목표를 이루기 위해 주변 사람들과 격려와 응원을 주고받는다. 이러한 격려와 응원은 도움이 될 수도 있지만, 상황에 따라서는 부정적인 영향을 미치기도 한다. 아래의 내용을 참고하여 '올바른 격려와 응원의 방법'에 대한 자신의 생각을 쓰라.

- 격려와 응원이 필요한 상황은 무엇인가?
- 부정적인 영향을 주는 격려와 응원의 표현은 무엇인가?
- 상대방에게 힘이 되는 격려와 응원의 방법은 무엇인가?

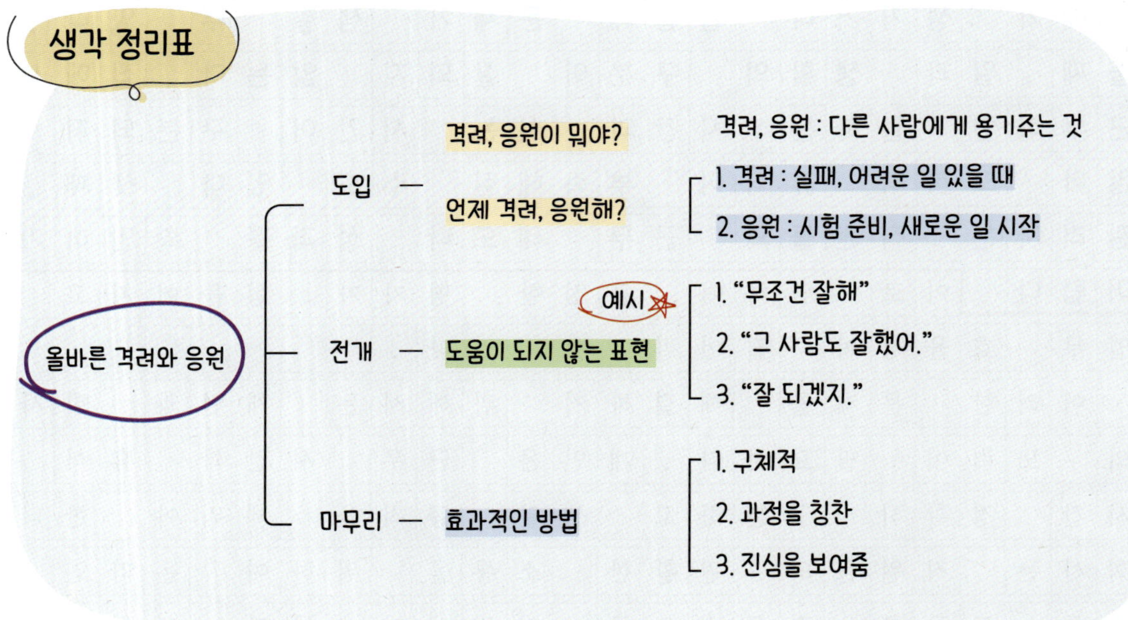

도입
개념 설명

　　격려와 응원은 다른 사람의 노력을 인정하며 용기를 주는 말이나 행동을 의미한다. 우리는 도전을 하거나 실패했을 때 주위 사람들의 격려와 응원을 받는다. 시험을 준비하거나 새로운 일에 도전할 때 진심 어린 격려는 자신감을 주고 실패했을 때 따뜻한 응원은 다시 시작할 힘이 된다. 이처럼 격려와 응원은 우리가 희망을 얻고 어려움을 극복하는 데 중요한 역할을 한다.

전개
격려와 응원의 부정적 예시

　　그러나 모든 격려와 응원이 긍정적인 것은 아니다. 상황을 고려하지 않은 말은 오히려 부담이 될 수 있다. 예를 들어 "넌 무조건 잘할 거야."라는 표현은 긍정적으로 들리지만 실패했을 때는 압박으로 다가올 수 있다. "그 사람도 했으니까 너도 할 수 있어."와 같은 비교의 말은 격려가 아니라 부담이 될 수 있다. 또한 "잘 되겠지."처럼 진심 없는 표현은 상대방에게 실망감을 줄 수 있다.

마무리
효과적인 격려와 응원 예시

　　효과적인 격려와 응원을 위해서는 무엇보다도 진심이 담겨야 한다. 예를 들어 "네가 지금까지 열심히 준비한 과정이 정말 대단하다."라는 표현은 상대방에게 자신감을 준다. 더불어 결과가 좋지 않더라도 과정을 칭찬하고 따뜻한 마음을 보여줄 때 그 힘은 더욱 커진다. 시험을 준비하는 친구에게는 "너의 노력이 꼭 좋은 결과로 이어질 거야."라고 말하고, 실패를 한 사람에게는 "이번 경험이 다음에는 더 좋은 기회가 될 거야."라고 말하는 것이 좋다. 이렇게 상대방의 상황에 맞는 격려와 응원은 우리 사회를 좋게 만든다.

30분 안에 답안을 작성해 보세요.

1. 다음을 참고하여 600~700자로 글을 쓰시오. 단, 문제를 그대로 옮겨 쓰지 마시오.

최근 일부 한국 기업과 공공기관에서 4.5일 근무제를 도입하려고 하고 있다. 4.5일 근무제는 주 40시간 근무제는 유지하지만 금요일 오후를 포함해 주 4.5일만 일하는 것을 말한다. 아래의 내용을 중심으로 '**4.5일 근무제**'에 대한 자신의 생각을 쓰라.

- 4.5일 근무제의 긍정적인 효과는 무엇인가?
- 4.5일 근무제 도입 시 문제점은 무엇인가?
- 4.5일 근무제를 안정적으로 시행하기 위해 우리가 해야 할 노력은 무엇인가?

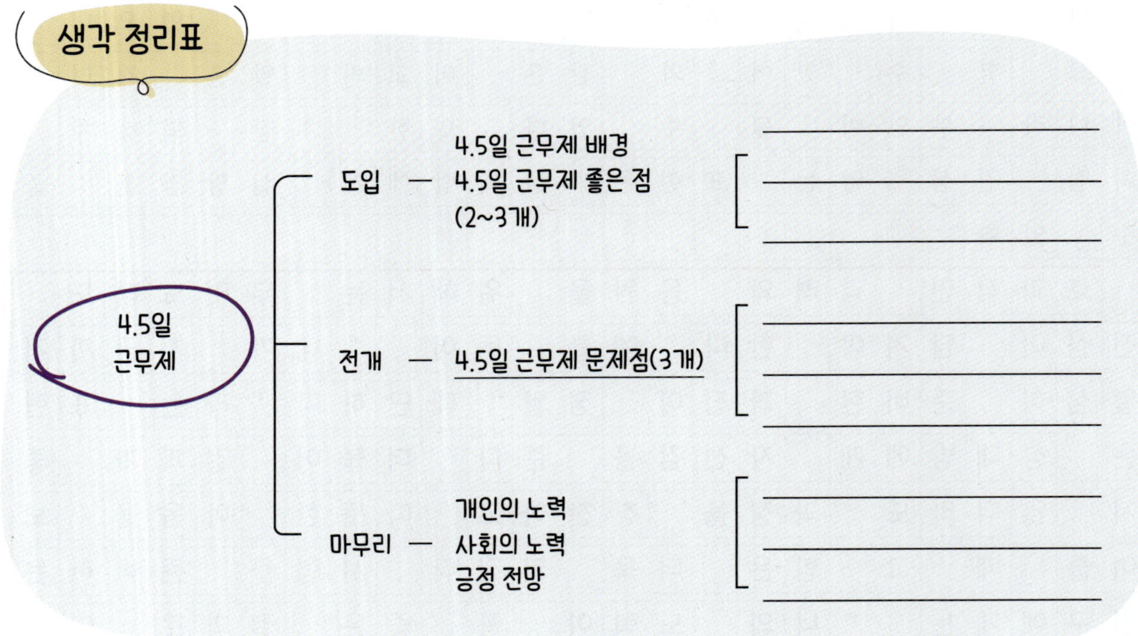

◑ 사용할 수 있는 연결 표현

구분	연결 표현	기능
도입	뿐만 아니라	**[추가·확장] 앞 내용을 보충하거나 더할 때** 예) 4.5일 근무제는 근로자에게 충분한 휴식 시간을 줄 뿐만 아니라 삶의 질을 높이는 데도 도움이 된다.
	그러나	**[대조·전환] 앞 내용과 다른 내용 제시할 때** 예) 그러나 공공 서비스에서는 업무 공백이 생길 수 있다.
	V-는 동시에	**[동시] 두 가지 상황이 함께 발생할 때** 예) 4.5일 근무제는 근로자의 피로를 줄이는 동시에 기업의 생산성 증가에도 긍정적인 영향을 줄 수 있다.
전개	첫째, 둘째, 셋째	**[나열] 여러 가지를 순서대로 제시할 때** 예) 첫째, 공공 서비스에서 업무 공백으로 생활에 불편이 생긴다. 둘째, 중소기업은 인력이 부족할 수 있다. 셋째, 동료들 간 의사소통이 적어진다.
	예를 들어	**[예시] 앞 내용에 대한 구체적인 사례를 제시할 때** 예) 예를 들어, 금요일부터 여가 시간을 가지면 가족과 함께 하는 시간이 늘어난다.
마무리	따라서	**[결론] 앞 내용을 근거로 결과를 제시할 때** 예) 따라서 4.5일 근무제가 시행되면 개인과 사회 모두에게 긍정적인 결과가 나타날 것이다.
	N 측면에서(는)	**[관점] 특정 입장에서 내용을 제시할 때** 예) 사회 측면에서는 서비스 공백이 생기지 않게 준비를 잘 해야 한다.

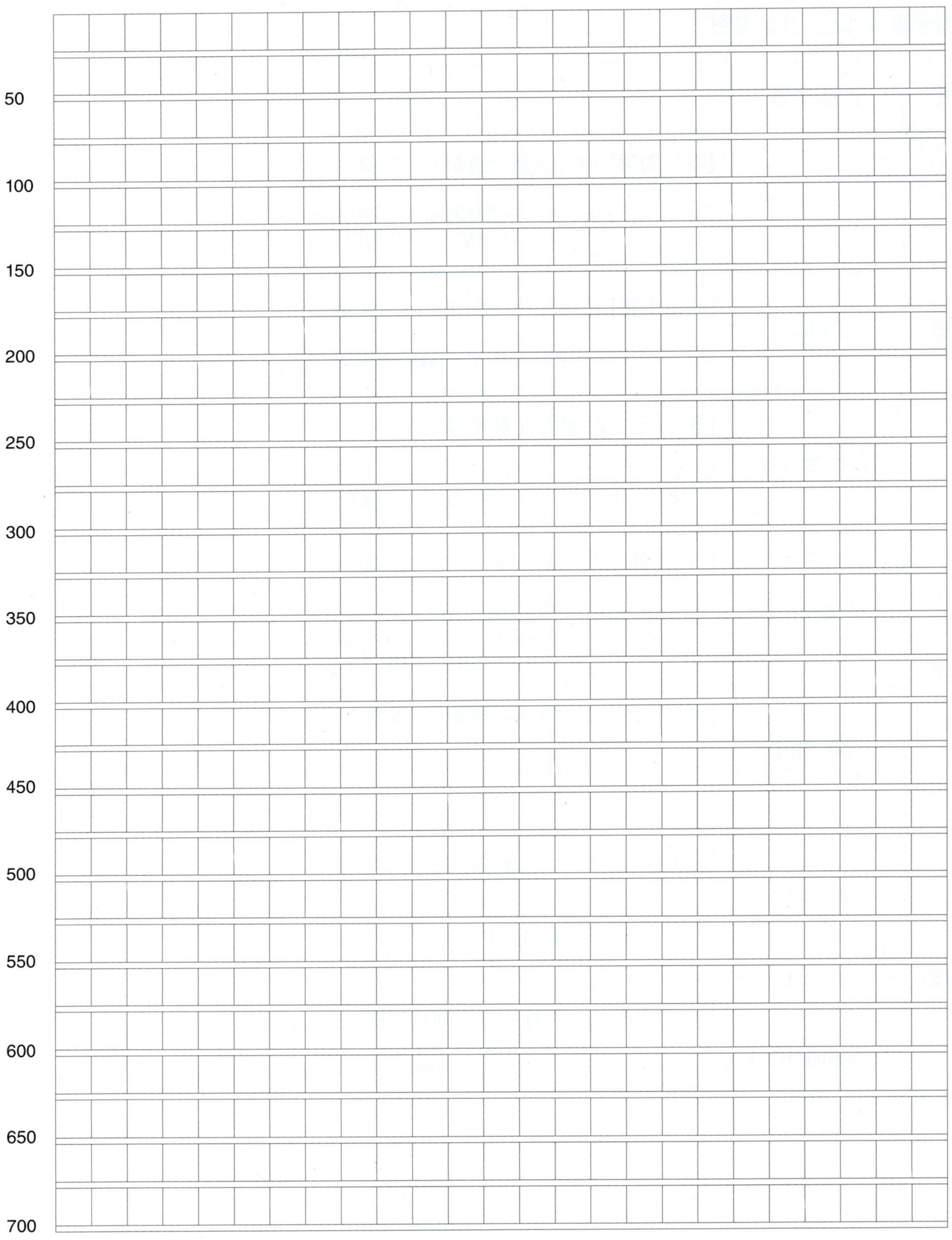

2. 다음을 참고하여 600~700자로 글을 쓰시오. 단, 문제를 그대로 옮겨 쓰지 마시오.

리더십은 집단이나 조직에서 사람들이 함께 목표를 이루도록 이끄는 힘이다. 현대 사회는 협력과 소통을 중시하므로 바람직한 리더십은 개인과 사회 모두에게 꼭 필요하다. 아래의 내용을 중심으로 '**리더십의 필요성과 이를 위한 노력**'에 대한 자신의 생각을 쓰라.

- 왜 리더십이 필요한가?
- 리더십을 발휘하면 어떤 결과를 얻을 수 있는가?
- 리더십을 기르기 위해 어떤 노력이 필요한가?

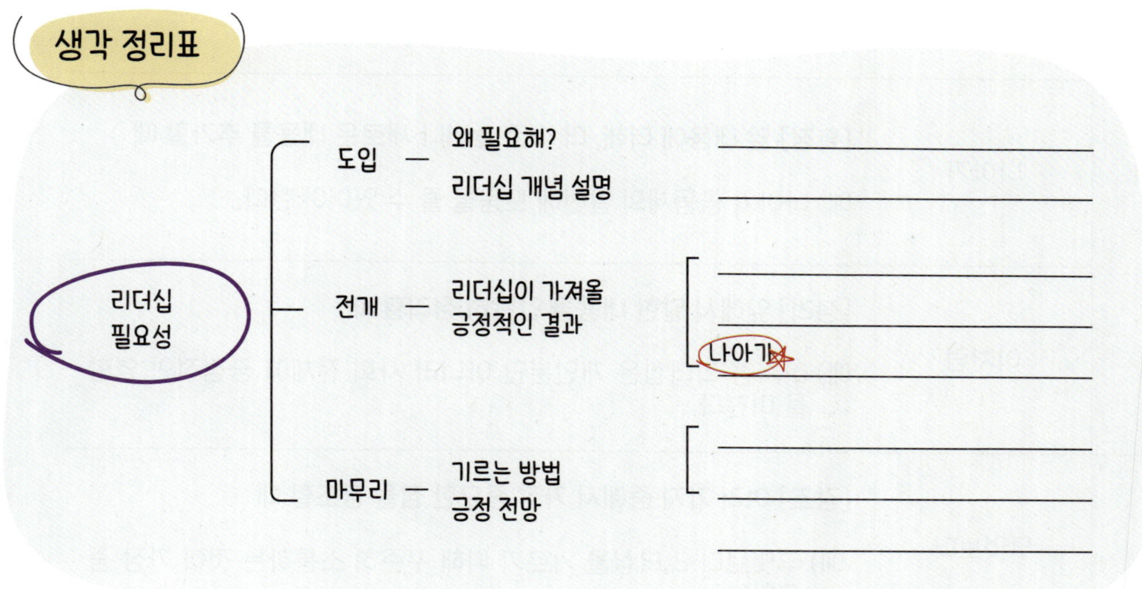

◑ 사용할 수 있는 연결 표현

구분	연결 표현	기능
도입	A/V-기 때문에	**[원인·이유] 원인이나 이유를 앞에 놓고, 결과를 뒤에 제시할 때** 예) 리더십은 조직을 이끄는 데 꼭 필요하기 때문에 우리는 리더십을 길러야 한다.
	즉	**[요약·정리] 앞 내용을 간단히 정리하거나 다시 강조할 때** 예) 좋은 리더십은 사람들을 모이게 한다. 즉 협력과 성과를 높이는 힘이 된다.
전개	먼저, 다음으로	**[순서] 여러 가지 내용을 소개할 때** 예) 먼저 책임감 있게 행동해야 한다. 다음으로 다른 사람의 의견을 존중해야 한다.
	나아가	**[확장] 앞 내용에 더해, 더 수준 높거나 새로운 내용을 추가할 때** 예) 나아가 공동체의 발전에 도움을 줄 수 있어야 한다.
	이처럼	**[정리] 앞에서 말한 내용을 간단히 정리할 때** 예) 이처럼 리더십은 개인뿐만 아니라 사회 전체에 긍정적인 영향을 미친다.
마무리	무엇보다	**[강조] 여러 가지 중에서 가장 중요한 점을 강조할 때** 예) 무엇보다 리더십을 기르기 위해 꾸준히 소통하는 것이 가장 중요하다.
	더불어	**[추가] 앞 내용에 다른 내용을 추가할 때** 예) 더불어 리더는 먼저 행동으로 보여줘야 한다.
	결국	**[결론] 앞 내용을 정리하며 최종 결론을 제시할 때** 예) 결국 리더십은 꾸준한 노력과 경험을 통해 길러진다.

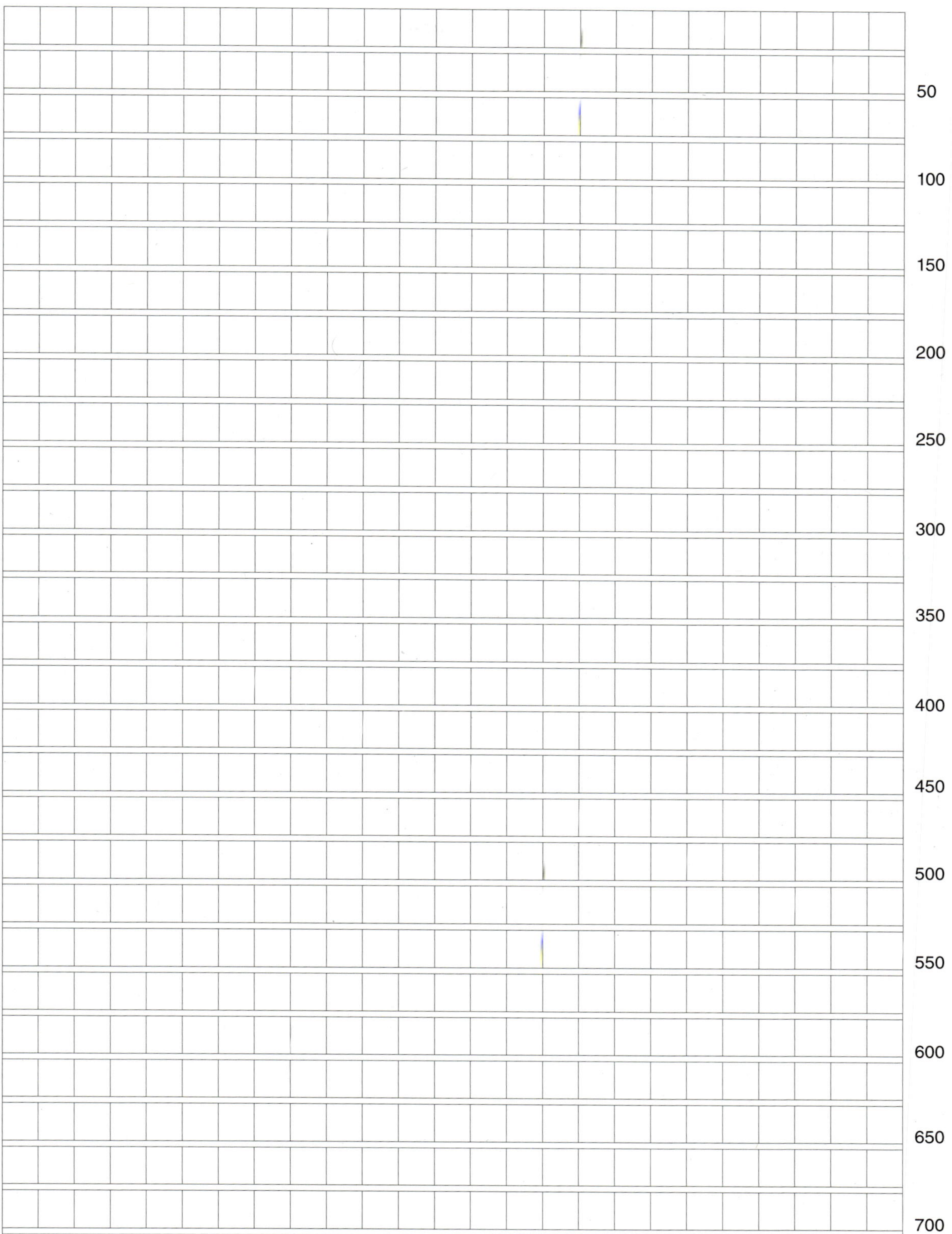

3. 다음을 참고하여 600~700자로 글을 쓰시오. 단, 문제를 그대로 옮겨 쓰지 마시오.

스마트폰과 SNS 같은 디지털 기기의 사용은 우리 생활에 편리함을 주지만 사람들 사이의 직접적인 대화와 감정적인 소통은 줄어들고 있다. 그 결과 다른 사람의 감정을 이해하는 공감과 상대방의 말을 주의 깊게 듣는 경청 태도도 약해지고 있다. 아래의 내용을 중심으로 **'디지털 사회에서의 공감과 경청'**에 대한 자신의 생각을 쓰라.

- 디지털 기기 사용이 인간관계에 미치는 영향은 무엇인가?
- 공감과 경청이 부족할 때 나타나는 문제가 생기는가?
- 디지털 사회에서 공감과 경청을 지키기 위해 필요한 노력은 무엇인가?

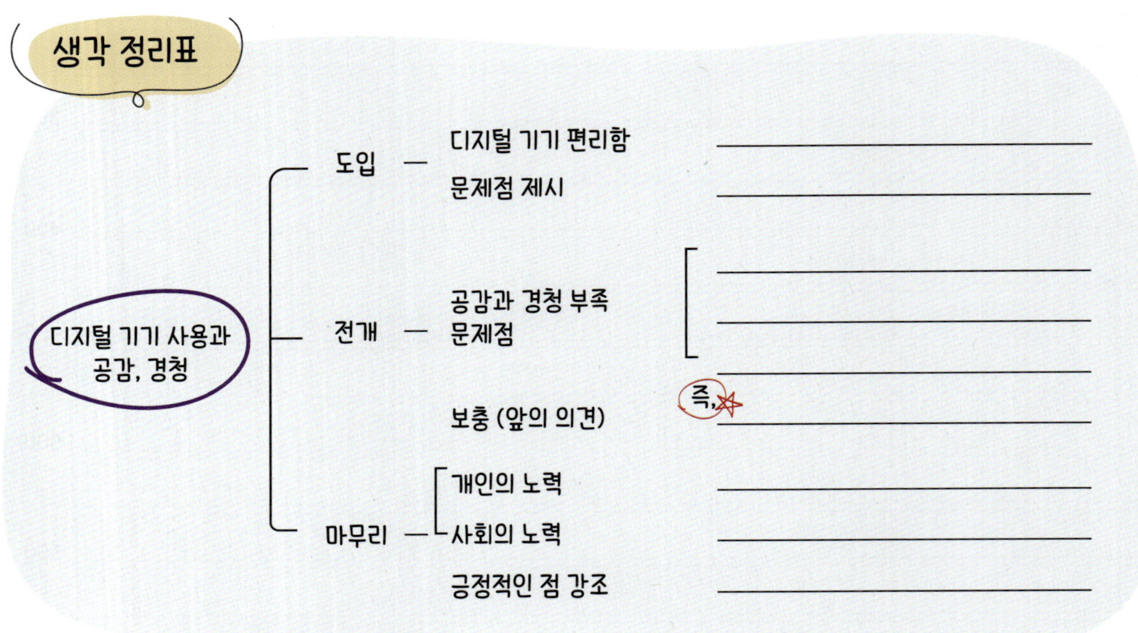

🔴 사용할 수 있는 연결 표현

구분	연결 표현	기능
도입	그렇다면	**[전환·문제제시] 앞 내용을 바탕으로 다음 내용으로 넘어갈 때** 예) 디지털 기기 사용이 늘어나면서 대화가 줄고 있다. 그렇다면 우리는 어떻게 공감과 경청의 태도를 유지할 수 있을까?
도입	즉	**[요약·정리] 앞 내용을 간단히 정리하거나 다시 강조할 때** 예) 스마트폰에만 집중하면 상대방의 말을 잘 듣지 못한다. 즉 공감과 경청이 약해질 수 있다.
전개	먼저, 다음으로	**[순서] 여러 가지 내용을 소개할 때** 예) 먼저 대화 시간을 늘려야 한다. 다음으로 디지털 기기 사용 시간을 줄여야 한다.
전개	나아가	**[확장] 앞 내용에 더해, 더 수준 높거나 새로운 내용을 추가할 때** 예) 나아가 학교에서는 공감과 경청을 위한 교육을 강화해야 한다.
전개	가령	**[예시] 앞 내용에 대한 구체적인 사례를 제시할 때** 예) 가령 친구가 힘들다고 말할 때 스마트폰을 잠시 내려놓고 이야기를 잘 들어줘야 한다.
마무리	따라서	**[결론] 앞 내용을 근거로 결과를 제시할 때** 예) 공감과 경청은 인간관계를 유지하는 데 필요하다. 따라서 우리는 일상생활에서 공감과 경청을 위해 노력해야 한다.
마무리	또한	**[추가] 앞 내용에 새로운 내용을 더할 때** 예) 공감과 경청은 개인의 행복에 도움이 된다. 또한 건강한 사회를 만드는 데도 중요하다.

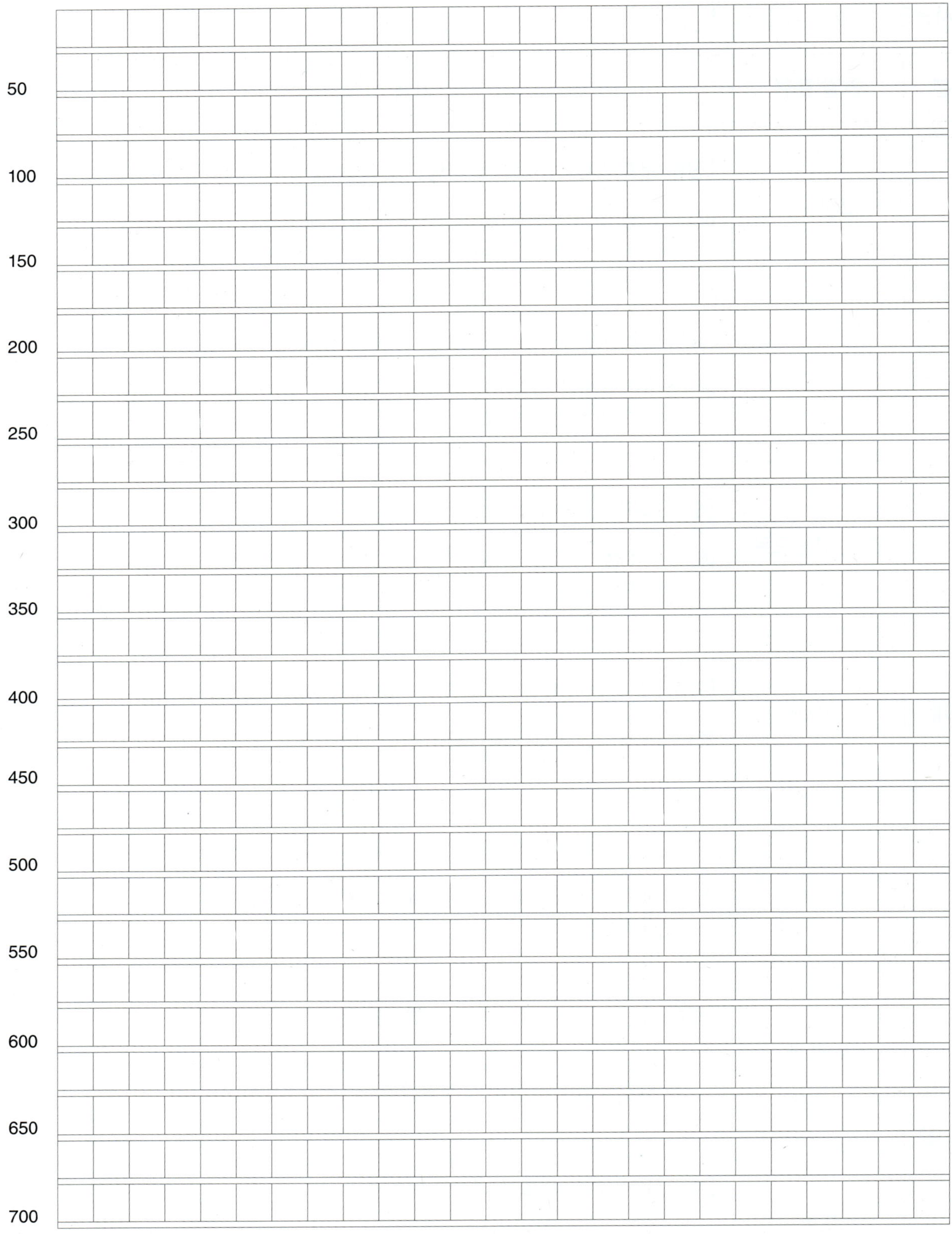

4. 다음을 참고하여 600~700자로 글을 쓰시오. 단, 문제를 그대로 옮겨 쓰지 마시오. (50점)

사람들은 살아가면서 예상하지 못한 일이나 힘든 상황을 겪게 된다. 이때 주위 사람들은 위로의 말이나 행동으로 도와주기도 한다. 어떤 위로는 큰 힘이 되지만, 어떤 위로는 오히려 상대방의 마음을 더 아프게 만들 수도 있다. **'올바른 위로의 방법과 힘'**에 대한 자신의 생각을 쓰라.

- 사람들은 어떤 상황에서 위로가 필요한가?
- 위로가 필요한 사람을 어떻게 위로하는 것이 바람직한가?
- 위로가 가진 힘은 무엇이라고 생각하는가?

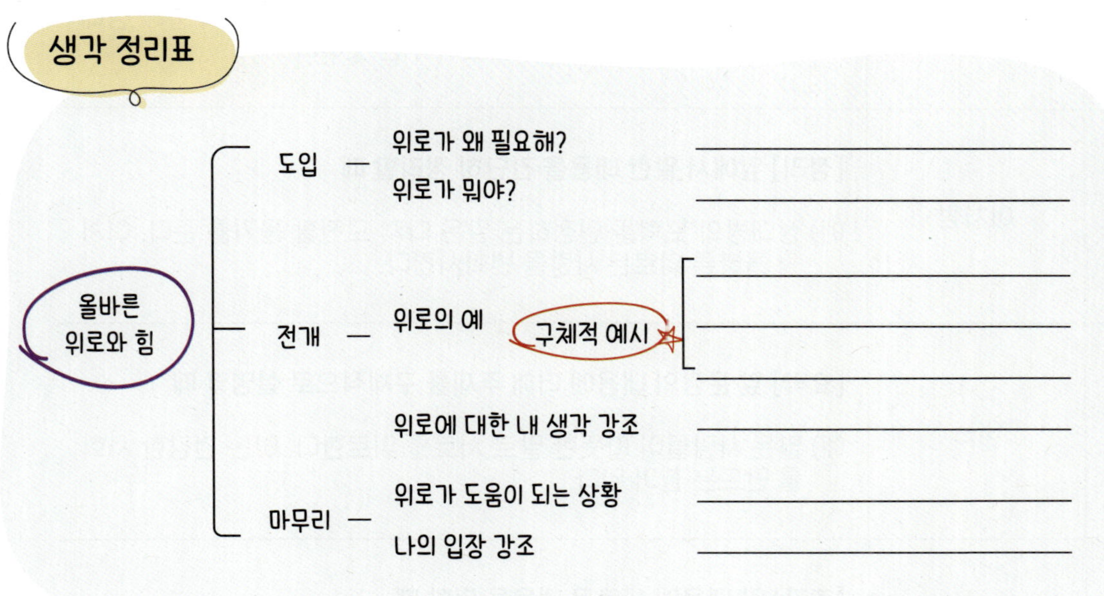

🔴 사용할 수 있는 연결 표현

구분	연결 표현	기능
도입	N이/가 아니라	**[부정·강조] 앞 내용을 부정하면서 뒤 내용을 강조할 때** 예) 위로는 단순한 말이 아니라 상대방을 이해하는 태도이다.
전개	반면에	**[대조·비교] 앞뒤 내용을 비교하나 대조할 때** 예) 진심이 있는 위로는 힘이 된다. 반면에 진심이 없는 말은 상처가 될 수 있다.
	다시 말해	**[정리] 앞 내용을 다시 설명하거나 정리할 때** 예) 위로는 단순히 "힘내!"라고 말하는 것이 아니다. 다시 말해 상대방의 상황에 맞게 행동으로 보여 주는 것이다.
	이처럼	**[정리] 앞에서 말한 내용을 간단히 정리할 때** 예) 상대방의 노력을 인정하는 말은 다시 도전할 용기를 준다. 이처럼 올바른 위로는 사람을 변화시킨다.
마무리	이는	**[요약] 앞 문장의 내용에 더해 주제를 구체적으로 설명할 때** 예) 많은 사람들이 따뜻한 말로 서로를 위로한다. 이는 건강한 사회를 만드는 힘이 된다.
	게다가	**[추가] 앞 내용에 새로운 내용을 더할 때** 예) 위로는 사람들에게 용기를 줄 수 있다. 게다가 인간관계를 더욱 좋게 만든다.
	그러므로	**[결론] 앞의 원인·근거를 바탕으로 결론을 제시할 때** 예) 위로는 우리 삶에 큰 힘이 된다. 그러므로 우리는 항상 진심이 담긴 말과 행동으로 다른 사람을 위로해야 한다.

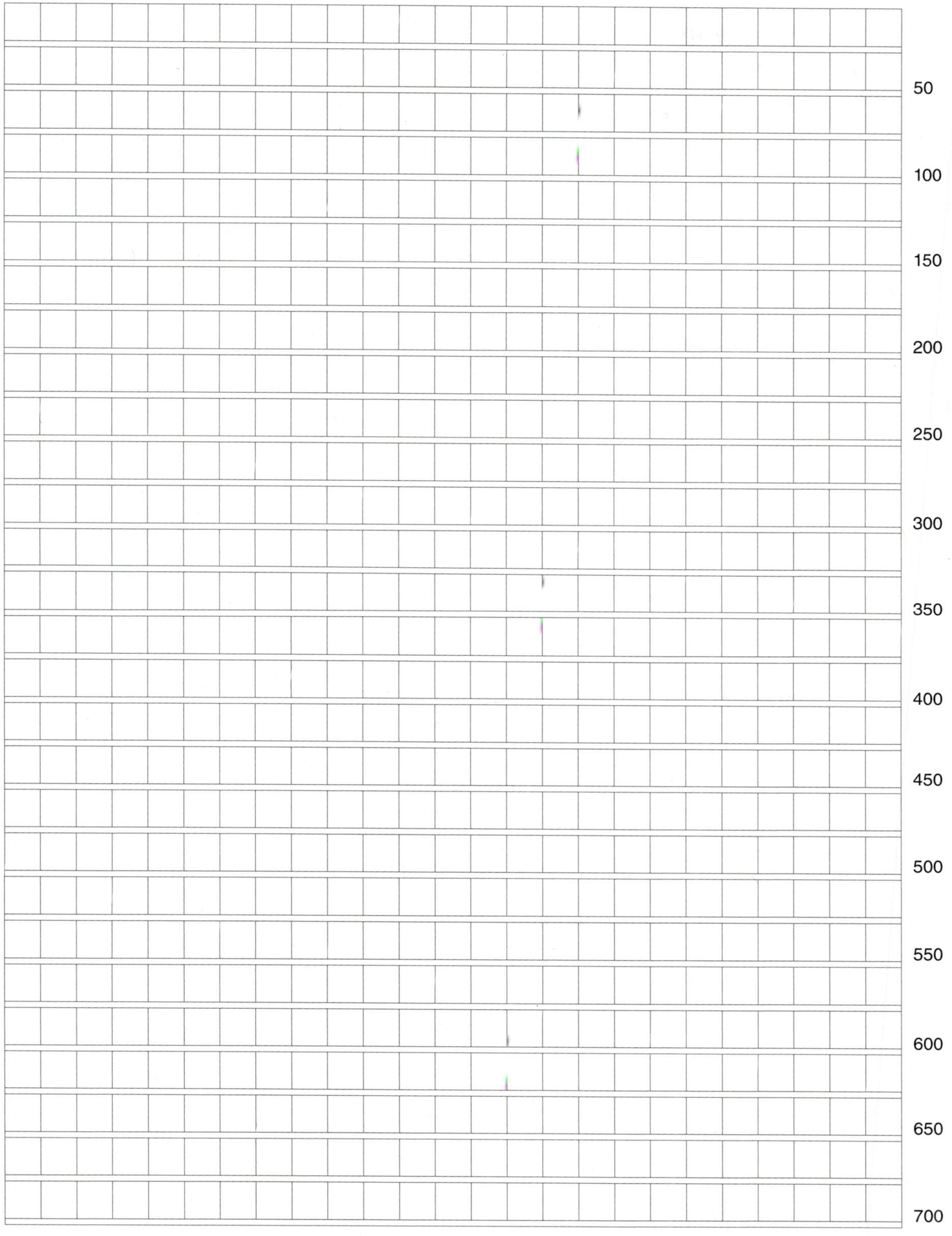

정답 및 해설의 '정답 작성 전략'을 활용하여 자신이 쓴 답을 점검해 보세요.

Build up

페이지	어휘	의미
p.90	경쟁	(영) competition (일) 競争 (중) 竞争 (베) sức sáng tạo
	혁신	(영) innovation (일) 革新 (중) 创新 (베) đổi mới
	창의력	(영) creativity (일) 創造力 (중) 创造力 (베) khả năng sáng tạo
	성취감	(영) sense of achievement (일) 達成感 (중) 成就感 (베) cảm giác thành tựu
	경쟁력	(영) competitiveness (일) 競争力 (중) 竞争力 (베) năng lực cạnh tranh
	-이/가 치열하다	(영) to be intense, fierce (일) 激しい (중) 激烈 (베) gay gắt
	-이/가 차별화되다	(영) to be differentiated (일) 差別化 (중) 差异化 (베) trở nên khác biệt
	-을/를 발휘하다	(영) to show, to demonstrate (일) 発揮する (중) 发挥 (베) phát huy
	-을/를 넓히다	(영) to widen, to expand (일) 広げる (중) 扩大 (베) mở rộng
	-을/를 고집하다	(영) to insist on (일) こだわる (중) 坚持 (베) cố chấp, kiên quyết giữ
p.93	격려	(영) encouragement (일) 励まし (중) 鼓励 (베) sự khích lệ
	공감	(영) empathy, understanding (일) 共感 (중) 共鸣，共情 (베) sự đồng cảm
	경청	(영) active listening (일) 傾聴 (중) 倾听 (베) lắng nghe chăm chú
	고령화	(영) aging population (일) 高齢化 (중) 老龄化 (베) già hóa dân số
	핵가족화	(영) the rise of nuclear families (일) 核家族化 (중) 核心家庭化, 小家庭化 (베) xu hướng gia đình hạt nhân
	비대면 서비스	(영) contactless service, online service (일) 非対面サービス (중) 非接触式服务 (베) dịch vụ trực tuyến
	-이/가 급변하다	(영) to change rapidly (일) 急変する (중) 急剧变化 (베) biến đổi nhanh
	-을/를 조율하다	(영) to align, to coordinate (일) 調整する (중) 协调 (베) điều phối
p.96	대면 접촉	(영) face-to-face contact (일) 対面接触 (중) 面对面接触 (베) tiếp xúc trực tiếp
	-이/가 보급되다	(영) to become widespread (일) 普及する (중) 普及 (베) được phổ biến
	-이/가 유출되다	(영) to be leaked, to flow out (일) 流出する (중) 外露, 泄露 (베) bị rò rỉ

페이지	어휘	의미
p.97	협력	영 cooperation 일 協力 중 合作 베 sự hợp tác
	갈등	영 conflict 일 葛藤 중 矛盾 베 sự xung đột
	-이/가 강화되다	영 to be strengthened 일 強化される 중 加强 베 được tăng cường
	-이/가 심화되다	영 to intensify 일 深まる 중 加深 베 trở nên trầm trọng hơn
	-을/를 달성하다	영 to achieve 일 達成する 중 达成 베 đạt được
	-을/를 유발하다	영 to cause, to trigger 일 引き起こす 중 引发 베 gây ra
p.100	효율성	영 efficiency 일 効率性 중 效率 베 tính hiệu quả
	프로세스	영 process 일 プロセス 중 过程，流程 베 quy trình
	-을/를 처리하다	영 to handle, to process 일 処理する 중 处理 베 xử lý
	-을/를 키우다	영 to grow, to develop 일 育てる 중 培养 베 nuôi dưỡng
	-을/를 간소화하다	영 to simplify 일 簡素化する 중 简化 베 đơn giản hóa
p.101	캠페인	영 campaign 일 キャンペーン 중 活动, 宣传活动 베 chiến dịch
	-을/를 실시하다	영 to carry out, to conduct 일 実施する 중 实施 베 thực hiện
p.105	협업	영 collaboration, teamwork 일 協業 중 协作 베 sự cộng tác
	도구	영 tool 일 道具 중 工具 베 công cụ
	전염병	영 contagious disease 일 感染症 중 传染病 베 bệnh truyền nhiễm
	-이/가 구분되다	영 to be divided, to be distinguished 일 区分される 중 区分 베 được phân biệt
	-을/를 정착시키다	영 to establish, take root 일 定着させる 중 使~固定下来，扎根 베 làm cho ổn định
	자리를 잡다	영 to be established 일 定着する 중 扎, 站稳脚跟 베 giữ chỗ
p.106	압박	영 pressure 일 圧迫 중 压力 베 áp lực
	주위 사람	영 people around 일 周りの人 중 周围的人 베 người xung quanh
	-을/를 고려하다	영 to consider 일 考慮する 중 考虑 베 cân nhắc

1. 알맞은 어휘 찾기

⊘ 다음 문장을 읽고 (   )에 알맞은 어휘를 고르세요.

1) 근무 환경이 개선되면 직원들의 업무 (   )이 향상될 수 있다.

　① 안정성　　　　② 지속성　　　　③ 생산성　　　　④ 신뢰성

2) 공동 학습 활동에서는 (   )을 통해 개인의 부족한 능력을 보완할 수 있다.

　① 협업　　　　② 갈등　　　　③ 경쟁　　　　④ 단절

3) 목표를 달성했을 때 느끼는 (   )은 개인의 자신감을 높여 준다.

　① 성취감　　　　② 책임감　　　　③ 위기감　　　　④ 만족감

4) 가정 내 자유로운 분위기는 청소년기의 (   ) 향상에 긍정적인 영향을 미친다.

　① 통제력　　　　② 창의력　　　　③ 영향력　　　　④ 적응력

5) 의견 차이로 인한 (   )을 잘 해결하려면 서로의 입장을 존중하는 것이 필요하다.

　① 갈등　　　　② 노력　　　　③ 책임　　　　④ 경청

6) 과도한 (   )은 개인에게 큰 스트레스를 줄 뿐만 아니라 사회 분위기도 악화시킬 수 있다.

　① 공감　　　　② 혁신　　　　③ 경쟁　　　　④ 환경

7) 원활한 (   )은 팀원 간의 오해를 줄이며 갈등을 예방하는 데 중요한 역할을 한다.

　① 대면 접촉　　　　② 휴가 사용　　　　③ 의사 소통　　　　④ 환경 조성

8) 서로 다른 의견을 잘 (   ) 못하면 갈등이 심화될 수 있다.

　① 활용하지　　　　② 조율하지　　　　③ 조성하지　　　　④ 변경하지

9) 다양한 경험은 개인의 견문을 (   ) 큰 도움이 된다.

① 세우는   ② 열리는   ③ 기르는   ④ 넓히는

10) 자신만의 의견을 (   ) 원활한 문제 해결이 어려워질 수 있다.

① 고집하면   ② 사용하면   ③ 발휘하면   ④ 강화하면

11) 인터넷을 활용한 온라인 수업은 이제 하나의 학습 방식으로 자리를 (   ).

① 잡았다   ② 넓혔다   ③ 맡았다   ④ 키웠다

12) 디지털 기술의 발전으로 사회가 (   ) 새로운 능력이 요구되고 있다.

① 축소되면서   ② 급변하면서   ③ 확대되면서   ④ 처리되면서

13) 전염병 이후 사람들은 비대면으로 (   ) 방식에 점점 익숙해지고 있다.

① 이용하는   ② 지원하는   ③ 경험하는   ④ 접촉하는

14) 정부는 청년 취업 문제를 해결하기 위하여 다양한 지원 정책을 (   ) 한다.

① 모집해야   ② 실시해야   ③ 고집해야   ④ 약화해야

15) 기업은 직원들의 자기계발을 위하여 교육 프로그램을 적극적으로 (   ) 할 것이다.

① 가입해야   ② 조율해야   ③ 지원해야   ④ 접촉해야

정답

1) ③   2) ①   3) ①   4) ②   5) ①   6) ③   7) ③   8) ②   9) ④   10) ①   11) ①   12) ②   13) ④
14) ②   15) ③

2. 연결 표현 고르기

⊙ 다음 문장에서 앞뒤 문맥에 **가장 알맞은 연결 표현을** 고르세요. (p.109, 112, 115, 118 참고)

1) 온라인 수업은 시간과 장소의 제약이 적다. (   ) 반복 학습이 가능하다는 장점도 있다.

　① 더불어　　　　② 그러나　　　　③ 따라서　　　　④ 반면에

2) 청년 실업 문제가 심각해지고 있다. (   ) 정부의 적극적인 대책이 필요한 시점이다.

　① 결국은　　　　② 반면에　　　　③ 그러므로　　　　④ 그럼에도 불구하고

3) 이 정책은 개인의 편의를 높일 뿐만 아니라 (   ) 사회 전체의 효율성 향상에도 도움이 된다.

　① 나아가　　　　② 하지만　　　　③ 그래서　　　　④ 결국은

4) 근무 환경이 개선되면 생산성이 높아진다. (   ) 직원들의 만족도도 함께 향상될 수 있다.

　① 먼저　　　　② 또한　　　　③ 가령　　　　④ 한편

5) 먼저 갈등을 해결하려면 문제의 원인을 파악해야 한다. (   ) 현실적인 해결 방법을 찾아야 한다.

　① 그렇지만　　　　② 예를 들어　　　　③ 다음으로　　　　④ 그러므로

6) 스마트폰은 의사소통 수단으로 (   ) 정보 검색 및 업무 처리에서도 중요한 역할을 하고 있다.

　① 활용하지만　　　　　　② 활용될 뿐만 아니라
　③ 활용되기 때문에　　　　④ 활용되는 대로

7) 사회 문제는 제도적인 노력으로만 해결하기 어렵고 (   ) 개인의 인식 변화가 반드시 함께 이루어져야 한다.

　① 하지만　　　　② 그 결과　　　　③ 동시에　　　　④ 그래서

8) 취업 경쟁이 점점 치열해지고 있다. (   ) 취업 준비생들의 부담과 스트레스가 크게 늘어나고 있다.

　① 이 때문에　　　　② 그러므로　　　　③ 그렇지만　　　　④ 이런 이유로

9) 배달 서비스 이용이 일상화되면서 일회용품 사용이 급격히 증가했다. (   ) 쓰레기 처리
문제와 환경 오염이 더욱 심각해졌다.

   ① 결국   ② 한편   ③ 그러나   ④ 그 결과

10) 대중교통 정책 변화는 시민들의 일상생활에 직접적인 영향을 미칠 수 있다. (   ) 대중
교통 요금이 인상될 경우 서민들의 부담이 커질 수 있다.

   ① 다만   ② 한편   ③ 결국   ④ 가령

11) 유행을 따라 산 물건은 시간이 지나면 쉽게 흥미를 잃게 된다. (   ) 필요하지 않은 물건이
집에 쌓이는 상황이 발생한다.

   ① 결국   ② 또한   ③ 그렇지만   ④ 예를 들어

12) 공공장소에서 지켜야 할 예의는 상황에 따라 다양하다. (   ) 대중교통 안에서 큰 소리로
통화하는 행동은 다른 사람에게 불편을 준다.

   ① 그러므로   ② 다시 말해   ③ 예를 들면   ④ 그렇기 때문에

13) 개인의 행동은 사회 전체에 영향을 미칠 수 있다. (   ) 작은 무례한 행동도 사회 전반에
부정적인 영향을 줄 수 있다는 것이다.

   ① 다시 말해   ② 예를 들면   ③ 뿐만 아니라   ④ 이러한 이유로

14) 근무 환경의 변화는 직장인의 삶을 개선하는 데 큰 영향을 미친다. (   ) 재택근무 제도를
도입하면 출퇴근 시간 부담을 줄일 수 있다. 둘째 근무 시간을 유연하게 활용할 수 있다.

   ① 또한   ② 다음   ③ 특히   ④ 첫째

정답

1) ①   2) ③   3) ①   4) ②   5) ④   6) ②   7) ③   8) ①   9) ④   10) ④   11) ①   12) ③   13) ①   14) ④

Part

실전 모의고사

05

실전 모의고사
1회, 2회, 3회, 4회, 5회

※ [51~52] 다음을 읽고 ⊙과 ⓒ에 들어갈 말을 각각 한 문장으로 쓰시오. (각 10점)

51.

수지 씨,

지난번에 우산을 (⊙   ) 고맙습니다.

수지 씨 덕분에 비를 맞지 않고 집에 갈 수 있었습니다.

그런데 언제 우산을 (ⓒ   )?

시간을 말씀해 주시면 찾아가겠습니다.

그럼 연락 기다리겠습니다.

52.

'유통 기한'은 판매자가 식품을 소비자에게 팔 수 있는 날짜를 말한다. 이 날짜가 지나면 식품이 상하지 않더라도 (⊙   ). 그래서 최근에는 '유통 기한' 대신에 '소비 기한'을 표시하고 있다. '소비 기한'은 유통 기한이 지나도 일정 기간 이후까지 우리가 먹을 수 있는 날짜를 말한다. '소비 기한'은 (ⓒ   ) 음식을 아깝게 버리는 일을 줄일 수 있다.

53. 다음은 '가정 간편식 매출 변화'에 대한 조사 결과이다. 이 내용을 바탕으로 200~300자로 쓰시오. 단, 글의 제목을 쓰지 마시오. (30점)

조사 기관 : 소비자생활연구소

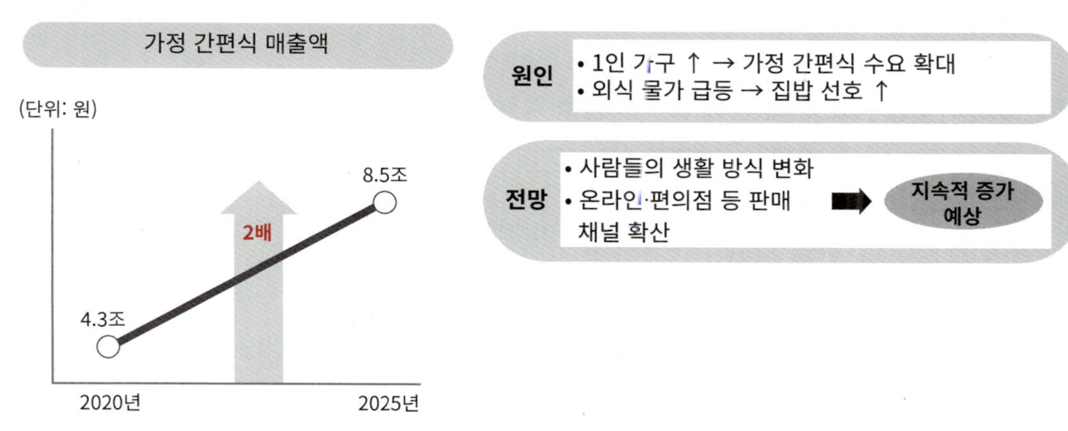

54. 다음을 참고하여 600~700자로 글을 쓰시오. 단, 문제를 그대로 옮겨 쓰지 마시오. (50점)

요즘 청소년들은 스마트폰 사용이 늘어나면서 독서 시간이 줄어들고 있다. 그 결과 어휘력이 떨어지는 문제가 나타나고 있다. 어휘력 부족은 학습 능력뿐 아니라 원활한 의사소통에도 부정적인 영향을 준다. 아래의 내용을 중심으로 **'청소년 어휘력 저하 문제'**에 대한 자신의 생각을 쓰라.

▶ 청소년 어휘력이 떨어지게 된 배경은 무엇인가?

▶ 어휘력 부족이 가져오는 문제는 무엇인가?

▶ 청소년의 어휘력 향상을 위해 어떤 해결 방안이 필요한가?

원고지 쓰기의 예

	식	물	은		다	양	한		방	법	으	로		자	신	을		보	호	한	다	.	덩	굴
성		야	자	나	무	는		빈		줄	기	를		채	운	다	.							

※ [51~52] 다음을 읽고 ⊙과 ⓒ에 들어갈 말을 각각 한 문장으로 쓰시오. (각 10점)

51.

안녕하십니까? 저는 지난주에 고향전통음식축제에 다녀왔습니다. 축제에 갔다 오기 전에는 우리 고향에 맛있는 음식이 이렇게 (⊙   ). 축제에 갔다 온 후에 우리 고향의 음식에 더 관심을 가지게 되었습니다. 축제는 이달 말까지 계속된다고 합니다. 아직 축제에 (ⓒ   ) 분들은 이달 말까지 꼭 가 보셨으면 좋겠습니다.

52.

보자기는 예로부터 한국에서 물건을 싸는 데 사용해 왔다. 보자기는 크기와 모양이 다양하며, 색과 무늬가 아름다워 장식용으로도 쓰인다. 최근에는 보자기가 환경 보호에 도움이 된다고 하여 다시 주목받고 있다. 전문가들은 보자기를 사용하면 일회용 포장을 줄여 환경 보호에 (⊙   ). 특히 일회용 포장은 부피가 크고 가지고 다니기 불편하지만, 보자기는 가볍고 접기 쉬워서 (ⓒ   ) 장점이 있다.

53. 다음은 '세계 평균 인구와 노인 인구 변화'에 대한 조사 결과이다. 이 내용을 바탕으로 200
～300자로 쓰시오. 단, 글의 제목을 쓰지 마시오. (30점)

조사 기관 : 글로벌인구변화연구소

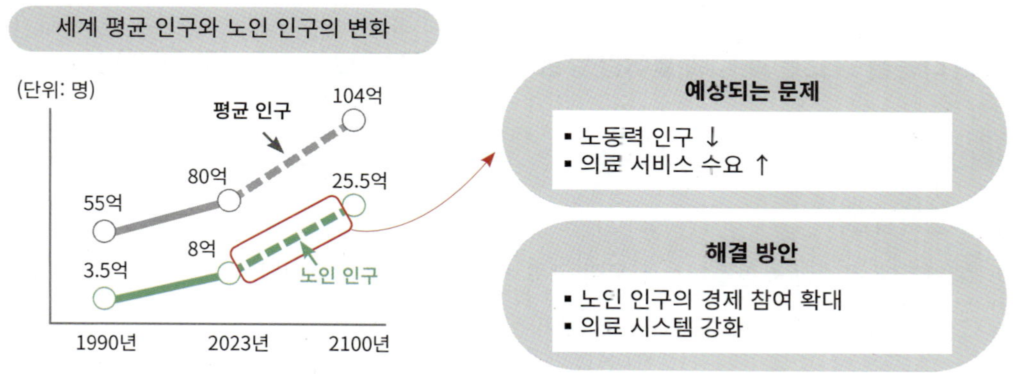

54. 다음을 참고하여 600~700자로 글을 쓰시오. 단, 문제를 그대로 옮겨 쓰지 마시오. (50점)

현대 사회에서 사람들은 건강을 지키기 위해 운동을 하려고 노력한다. 운동을 하면 체력도 좋아지고 스트레스도 줄일 수 있다. 그러나 바쁜 생활 속에서 규칙적으로 운동을 하는 것은 쉽지 않다. '**운동의 필요성과 지원 방안**'에 대한 자신의 생각을 쓰라.

▶ 운동을 하면 어떤 점이 좋은가?

▶ 사람들이 규칙적으로 운동을 하지 못하는 이유는 무엇인가?

▶ 더 많은 사람들이 운동을 할 수 있도록 사회는 어떤 지원을 해야 하는가?

원고지 쓰기의 예

개	구	리	가		겨	울	에		추	위	를		피	해		겨	울	잠	을		잔	다	는
것	은		잘		알	려	져		있	다	.												

※ [51~52] 다음을 읽고 ㉠과 ㉡에 들어갈 말을 각각 한 문장으로 쓰시오. (각 10점)

51.

●●●   제목 : 그릇 세트 교환 문의   _ □ ×

안녕하세요?

지난주에 온라인 쇼핑몰에서 주문한 그릇 세트를 오늘 받았습니다.

그런데 상자를 열어 보니까 그릇 두 개가 (㉠).

선물용으로 구입한 것이라서 새 제품으로 빨리 교환하고 싶습니다.

제가 제품을 교환 받으려면 (㉡)?

확인 후 답변 주시면 감사하겠습니다.

52.

> 치아의 가장 바깥쪽은 매우 단단해서 안쪽의 신경을 안전하게 보호한다. 그런데 이 부분이 손상되면 신경이 밖으로 노출되어 작은 자극에도 민감하게 반응하게 된다. 특히 차가운 음식을 먹으면 그 차가운 자극에 신경에 직접 전달되어 통증이 (㉠). 따라서 평소에 치아가 (㉡) 관리하는 것이 중요하다. 이를 위해 치아에 무리가 가거나 손상을 줄 수 있는 행동을 피해야 한다.

53. 다음은 '무설탕 제품 매출액'에 대한 조사 결과이다. 이 내용을 바탕으로 200〜300자로 쓰시오. 단, 글의 제목을 쓰지 마시오. (30점)

조사 기관 : 식품산업연구원

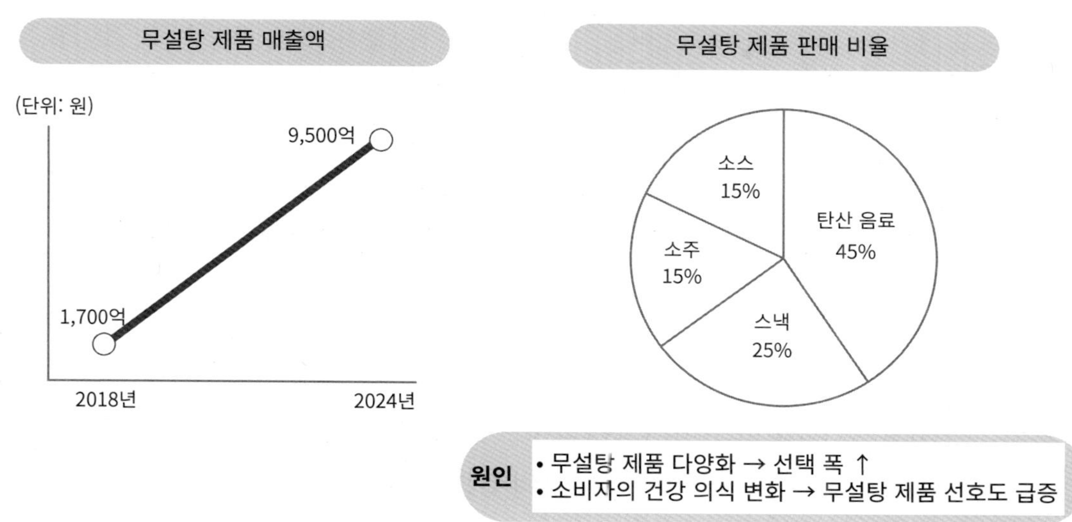

54. 다음을 참고하여 600~700자로 글을 쓰시오. 단, 문제를 그대로 옮겨 쓰지 마시오. (50점)

> 현대 사회에서는 1인 가구가 늘고 개인의 삶을 중시하는 분위기가 강해지면서 혼자 시간을 보내는 사람이 많아졌다. 혼자만의 시간은 휴식과 자기 관리에 도움이 되지만 지나치면 인간관계가 약해질 수 있다. 아래의 내용을 중심으로 **'혼자만의 시간과 사회적 관계의 균형'**에 대해 자신의 생각을 쓰라.
>
> ▶ 현대인들이 혼자만의 시간을 가지려는 이유는 무엇인가?
> ▶ 혼자 있는 시간이 지나치게 많거나 적을 때 생기는 문제는 무엇인가?
> ▶ 혼자만의 시간과 원활한 사회생활의 균형을 유지하는 방법은 무엇인가?

원고지 쓰기의 예

| | 개 | 구 | 리 | 는 | | 추 | 위 | 를 | | 피 | 하 | 기 | | 위 | 하 | 여 | | 겨 | 울 | 잠 | 을 | | 잔 | 다. |
| 이 | 때 | | 에 | 너 | 지 | 를 | | 최 | 소 | 한 | 으 | 로 | | 사 | 용 | 한 | 다 | . | | | | | | |

TOPIK II 쓰기 (51번~54번) 4회

※ [51~52] 다음을 읽고 ⊙과 ⓒ에 들어갈 말을 각각 한 문장으로 쓰시오. (각 10점)

51.

복도 내 개인 물품 정리 요청

입주민 여러분, 안녕하십니까?

다음 주 월요일부터 아파트 복도 페인트 공사가 시작될 예정입니다.

원활한 공사 진행을 위해 복도에 있는 개인 물품을 (⊙).

공사가 (ⓒ) 복도에 남아 있는 물건들은 임의로 처리하겠습니다.

빠르고 안전한 공사를 위해서 협조 부탁드립니다.

감사합니다.

52.

　　좋아하는 사람을 만나면 심장이 빠르게 뛰고 얼굴이 빨개지곤 한다. 사람이 긴장을 하면 심장 박동이 빨라지고, 그에 따라 혈액 순환 속도도 증가한다. 이 과정에서 우리 몸은 산소를 더 많이 공급하기 위해 혈액을 피부 쪽으로 (⊙). 그 결과 얼굴의 혈관이 확장되고 얇은 피부를 통해 혈관의 붉은 색이 겉으로 드러난다. 즉, 얼굴이 붉어지는 현상은 감정이 단순히 마음속에 머무는 것이 아니라 (ⓒ) 과정이라고 할 수 있다.

53. 다음은 '학령인구 수 변화'에 대한 조사 결과이다. 이 내용을 바탕으로 200∼300자로 쓰시오. 단, 글의 제목을 쓰지 마시오. (30점)

조사 기관 : 한국교육개발원

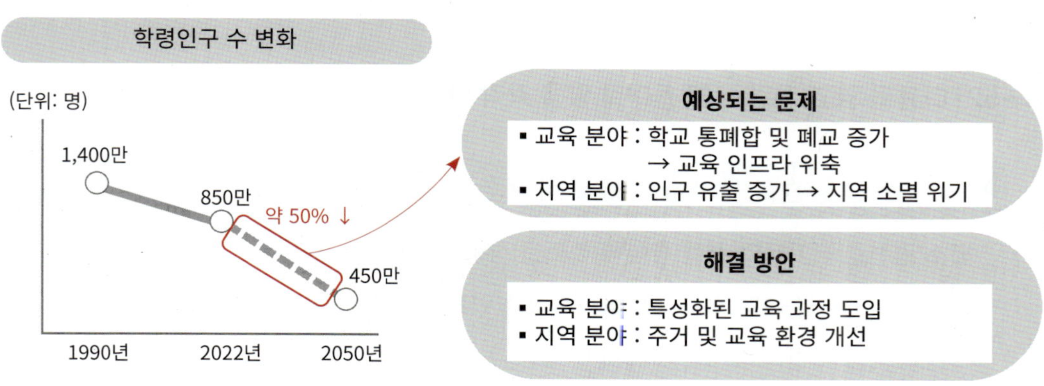

54. 다음을 참고하여 600~700자로 글을 쓰시오. 단, 문제를 그대로 옮겨 쓰지 마시오. (50점)

공공장소는 많은 사람들이 함께 이용하는 공간이기 때문에 서로에 대한 배려와 예의가 필요하다. 그러나 일부 사람들의 무분별한 행동으로 인해 불편을 느끼는 경우도 적지 않다. 아래의 내용을 중심으로 **'공공장소에서 지켜야 할 예의의 중요성'**에 대해 자신의 생각을 쓰라.

▶ 공공장소에서 예의가 특히 필요한 이유는 무엇인가?

▶ 문제가 되는 행동의 예에는 어떤 것들이 있는가?

▶ 이런 문제가 되는 행동을 줄이기 위해서 어떤 노력이 필요한가?

원고지 쓰기의 예

햇	빛	을		받	으	면		물		표	면	이		빛	을		고	르	게		반	사	하
지		않	는	다	.	반	사	된		빛	은		반	짝	이	는		것	처	럼		보	인	다	.

※ [51~52] 다음을 읽고 ㉠과 ㉡에 들어갈 말을 각각 한 문장으로 쓰시오. (각 10점)

51.

●●●   제목: 김선호 작가님 북토크 참여를 신청합니다.   _ □ ×

평소 김선호 작가님의 책을 좋아해서 모든 작품을 다 읽었습니다.

그동안 작가님의 북토크에 직접 참석하고 싶었는데 매번 기회가 없었습니다.

그런데 마침 이번에 학교 근처에서 (㉠) 소식을 들었습니다.

이번 기회를 통해 작가님을 직접 (㉡).

꼭 초대해 주시기 바랍니다.

52.

　처음 가 본 곳인데 언젠가 와 본 적이 있다고 느끼는 것을 '데자뷰 현상'이라고 한다. 뇌가 현재의 정보를 처리하는 과정에서 과거의 유사한 기억과 혼동을 일으키는 것이 원인이다. 이렇게 데자뷰 현상은 실제로 경험하지 않은 일을 마치 (㉠) 잘못 느끼는 경우에 나타난다. 이에 대해 뇌과학자들은 데자뷰 현상이 실제 경험이 아니라 뇌의 정보 처리 과정에서 생기는 (㉡).

53. 다음은 '반려동물 가구 수 변화와 현황'에 대한 조사 결과이다. 이 내용을 바탕으로 200~300자로 쓰시오. 단, 글의 제목을 쓰지 마시오. (30점)

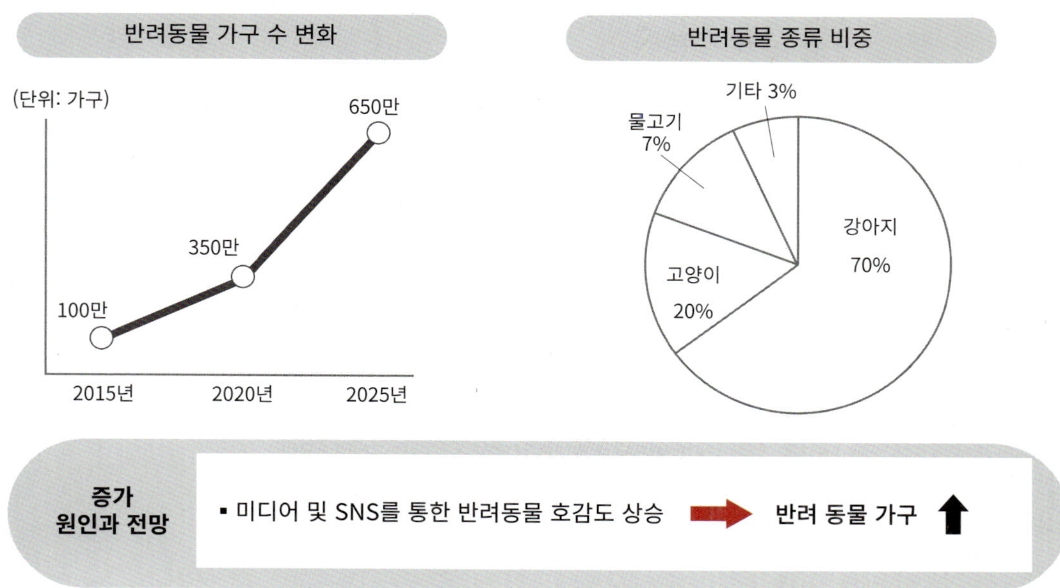

54. 다음을 참고하여 600~700자로 글을 쓰시오. 단, 문제를 그대로 옮겨 쓰지 마시오. (50점)

최근에는 요즘 유행하는 것을 그대로 따라 하는 모방 소비가 증가하고 있다. 이로 인해 사람들은 유행하는 물건이나 음식을 사기 위해 오랜 시간 기다리거나 필요 이상으로 이에 집착하는 모습을 보이기도 한다. 아래의 내용을 중심으로 '**모방 소비 현상의 문제점과 바람직한 소비 태도**'에 대해 자신의 생각을 쓰라.

▶ 모방 소비가 나타나게 된 배경은 무엇인가?
▶ 모방 소비로 인해 발생하는 문제점은 무엇인가?
▶ 이러한 문제를 줄이기 위해 우리가 할 수 있는 노력은 무엇인가?

원고지 쓰기의 예

요	즘		사	람	들	은		건	강	을		위	해		규	칙	적	인		운	동	을
한	다	.	하	루	에		잠	깐	이	라	도		스	트	레	칭	을		해	야		한	다	.

memo

PICK TOPIK II 쓰기

초판 인쇄	2026년 5월 2일
초판 발행	2026년 5월 9일
저자	정지민
편집	김아영, 권이준, 윤상희
펴낸이	엄태상
디자인	김지연
조판	박진형
콘텐츠 제작	김선웅, 장형진
마케팅본부	이승욱, 노원준, 조성민, 이선민, 김동우
경영기획	조성근, 최성훈, 김로은, 최수진, 오희연
물류	정종진, 윤덕현, 신승진, 구윤주
펴낸곳	한글파크
주소	서울시 종로구 자하문로 300 시사빌딩
주문 및 교재 문의	1588-1582
팩스	0502-989-9592
홈페이지	http://www.sisabooks.com
이메일	book_korean@sisadream.com
등록일자	2000년 8월 17일
등록번호	제300-2014-90호

ISBN 979-11-6734-114-3 (13710)

※ 한국어능력시험(TOPIK)의 저작권과 상표권은 대한민국 국립국제교육원에 있습니다.
TOPIK, Trademark®& Copyright© by NIIED(National Institute for International Education), Republic of Korea.

＊ 이 책의 내용을 사전 허가 없이 전재하거나 복제할 경우 법적인 제재를 받게 됨을 알려 드립니다.
＊ 잘못된 책은 구입하신 서점에서 교환해 드립니다.
＊ 정가는 표지에 표시되어 있습니다.

PICK TOPIK Ⅱ

쓰기

책 속의 책

한글파크

PICK TOPIK II

쓰기

책 속의 책

한글파크

Part

책 속의 책

문제 풀이 번역본

정답 및 해설

Part 1 ( )에 들어갈 말 쓰기 – 실용문

연습 1 경어 연결 표현 연습 p.19

1. 'V-(으)시-'를 활용한 경어 표현 연습

1) ① 직원의 도움이 필요하시면 1004번으로 연락주십시오.
   ② 등록을 원하시면 홈페이지에서 신청서를 작성해 주십시오.

2) ① 제품을 교환하시려면 영수증을 함께 첨부해 주십시오.
   ② 행사에 참석하시려면 행사 지원 팀으로 이메일을 보내 주시기 바랍니다.

3) ① 강의실을 나가시기 전에 사용하신 책상과 의자를 정리해 주십시오.
   ② 공연장에 입장하시기 전에 직원에게 표를 보여주시면 감사하겠습니다.

2. 'V-아/어 주시-'를 활용한 경어 표현 연습

1) ① 졸업을 축하해 주셔서 진심으로 고맙습니다.
   ② 모든 참가자분들께서 협조해 주셔서 행사가 잘 마무리되었습니다.

2) ① 아래 연락처로 문의해 주시면 친절하게 안내해 드리겠습니다.
   ② 제품 교환 방법을 다시 한번 알려 주시면 감사하겠습니다.

3) ① 설문 조사에 참여해 주신 고객님들께 감사드립니다.
   ② 의견을 남겨 주신 분들 중 다섯 분께 상품권을 드리려고 합니다.

3. 경어를 사용할 때 형태가 바뀌는 동사 알아보기

1) 선생님, 내일 학교에 (**계시면** / 있으면) 알려 주십시오.
2) 주말에 선배님을 (만나고 / **뵙고**) 싶어서 연락드립니다.
3) 궁금한 점이 있으시면 담당자에게 (**말씀해 주십시오** / 말하십시오).
4) 이번 프로젝트에 대한 팀장님의 의견을 (묻고 / **여쭙고**) 싶습니다.
5) 세미나가 끝난 후 간단히 다과를 (먹을 수 있습니다 / **드실 수 있습니다**).
6) 지난주에 빌린 우산을 언제 (**돌려드리면** / 돌려주면) 되겠습니까?
7) 개업 사은품을 무료로 (주고 / **드리고**) 있습니다. 많이 방문해 주십시오.
8) 잠시 후, 강연을 해 주실 작가님을 무대 위로 (**모시겠습니다** / 데리고 오겠습니다).
9) 수하물 운반이 어려우신 분들은 직원에게 말씀해 주시면 (도와주겠습니다 / **도와드리겠습니다**).

4. 일반 문장을 격식체 경어 표현으로 바꾸기

1) ① 제 결혼식에 참석해 주셔서 감사합니다.
   ② 회의 준비를 도와주셔서 감사합니다.

2) ① 입장권을 미리 예매하시기 바랍니다.
   ② 서류 제출 마감일을 반드시 지키시기 바랍니다.

3) ① 이번 봉사활동에 꼭 참여해 주시기 바랍니다.
   ② 영화관 안에서 핸드폰을 꺼 주시기 바랍니다.

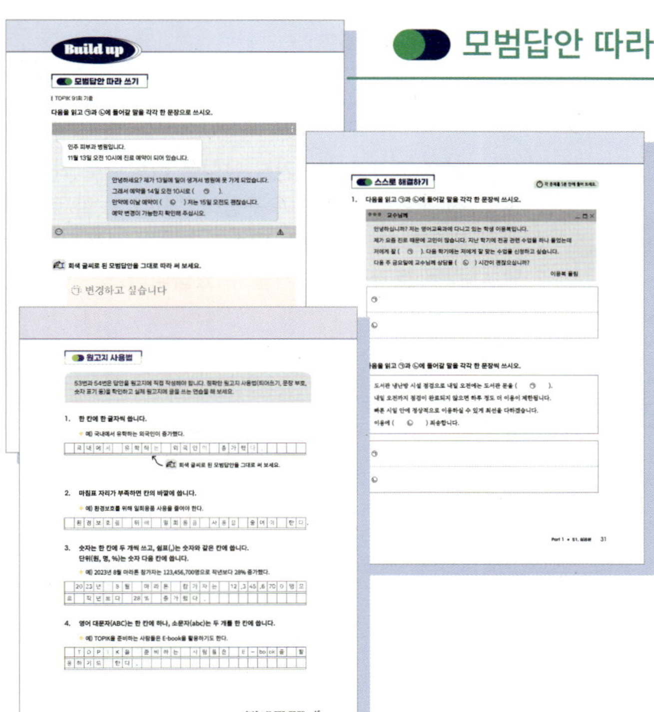

◗ 모범답안 따라 쓰기 ➜ 스스로 해결하기

기존 교재와 차별화하여 모범답안의 핵심 문장을 직접 따라 쓰는 연습을 구성하였습니다. 이를 통해 자연스러운 문장 구조와 표현을 익힐 수 있습니다. 또한 앞 단계에서 학습한 내용을 바탕으로 실제 시험 유형에 맞는 실전 연습을 할 수 있도록 하였으며, 각 파트별 권장 시간을 제시하여 시간 관리 연습이 가능하도록 하였습니다. 쓰기 53번과 54번을 위한 원고지 사용법도 자세히 안내하여 문장을 따라 쓰며 원고지 작성 방식까지 함께 익힐 수 있습니다.

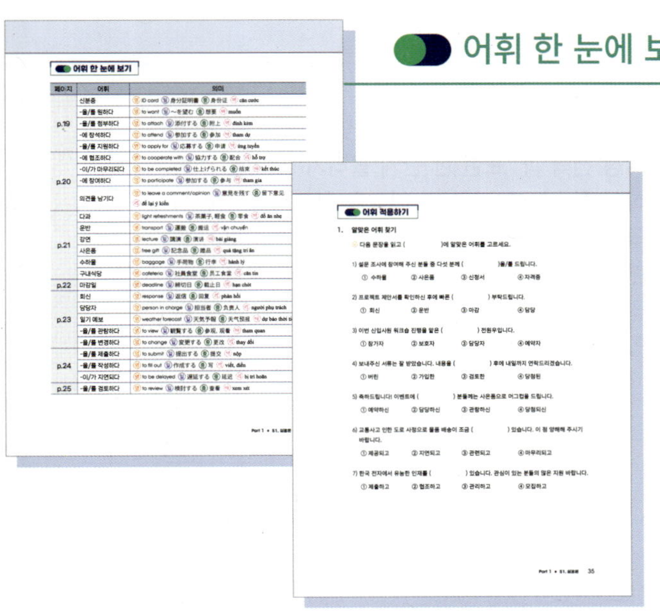

◗ 어휘 한 눈에 보기 ➜ 어휘 적용하기

각 파트 마지막에는 핵심 어휘를 정리하고 연습 문제를 수록하였습니다. 동사와 형용사는 자주 쓰이는 조사와 함께 제시하여 실제 쓰기에서 바로 활용할 수 있도록 하였습니다.

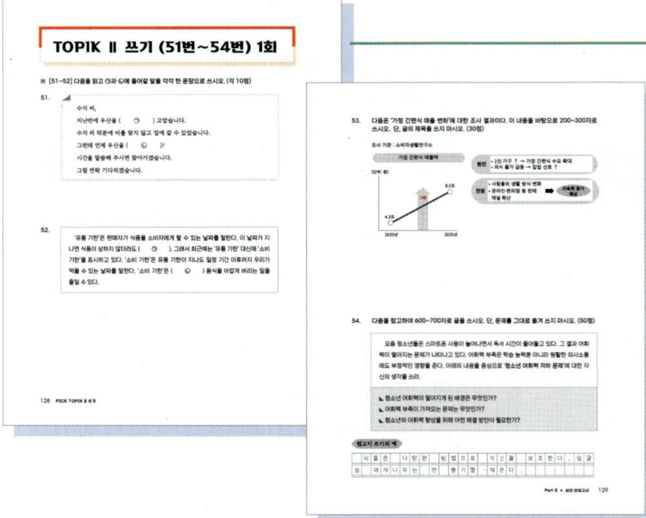

실전 모의고사는 기출 유형을 바탕으로 최신 경향을 반영하여 구성하였습니다. 실제 답안지에 작성하며 연습함으로써 실전 감각을 효과적으로 기를 수 있습니다.

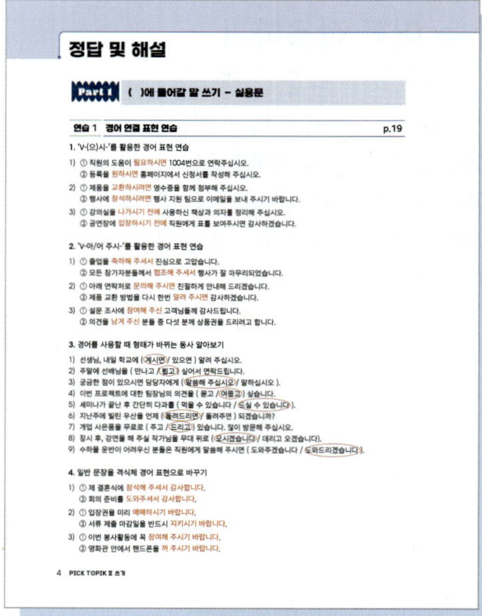

책 속의 책으로 구성된 정답 및 해설에는 '정답 작성 전략'과 '표현 한 단계 올리기' 코너를 수록하여 학습자가 정답 및 해설을 참고하며 자신의 답안을 스스로 보완할 수 있도록 하였습니다. 또한 표현을 한 단계 확장하고 다듬는 과정을 통해 답안의 완성도를 높여 보다 높은 점수를 받을 수 있도록 구성하였습니다.

3. 이 글은 회사 인사팀에서 직원들에게 보내는 **공식 공지문**이다. 격식 있는 요청 표현과 자연스러운 목적 표현을 사용하는 것이 중요하다.

◎ 모범답안

㉠ 알려주시기 바랍니다
㉡ 적응할 수 있게

◎ 정답 작성 전략

번역 p.03

문제 풀이	㉠ "원활한 준비를 위하여 내일까지 참석 여부를 (　　)."라는 문장은 행사 준비를 위해 직원들에게 참석 여부를 알려달라고 요청하는 상황이다. 따라서 '알려주시기 바랍니다', '회신해 주시기 바랍니다', '알려주십시오' 와 같은 표현을 사용할 수 있다.
	㉡ "신입사원들이 회사 생활에 빨리 (　　) 많은 분들이 함께해 주시면 좋겠습니다."라는 문장이다. 이 문장은 환영회의 목적을 설명하는 부분이다. 목적을 나타내는 표현을 사용해야 한다. '회사 생활에'라는 표현과 자연스럽게 사용할 수 있는 동사는 '적응하다'이므로 '회사 생활에 적응하다'라를 활용하는 것이 좋다. 따라서 '적응할 수 있게', '적응할 수 있도록' 표현이 적절하다.

4. 이 글은 책을 소개하는 **홍보 형식의 글**이다.

◎ 모범답안

㉠ 배운 지
㉡ 읽어 보시기 바랍니다

◎ 정답 작성 전략

번역 p.04

문제 풀이	㉠ "한국어를 (　　) 얼마 안 된 외국인"이라는 문장은 '한국어의 경험이 오래되지 않았다'는 의미를 나타낸다. 어떤 일이 시작된 후 경과한 시간을 표현할 때는 'V–(으)ㄴ 지 N이/가 되다/안 되다' 라는 문법을 사용한다. 따라서 '배운 지'를 사용하는 것이 적절하다.
	㉡ 문장은 독자에게 책을 추천하는 권유 또는 추천의 표현이 들어가야 한다. '읽어 보시기 바랍니다', '읽어 보시면 좋겠습니다' 와 같은 정중한 권유 표현을 사용해야 한다.

정답 및 해설

연습 1 자주 나오는 문법 연습   p.44

1) 외국인들은 한국의 문화 배경을 잘 몰라서 속담을 이해하기 어렵다.
2) 스마트폰 화면을 오래 보면 눈이 피로해지기 쉽다.
3) 건강을 지키려면 규칙적으로 운동을 해야 한다.
4) 비만을 예방하려면 당분이 많은 음식의 섭취를 줄이는 것이 좋다.
5) 깨끗한 물을 얻기 위해서 빗물을 정화하는 기술을 사용한다.
6) 특히 여름철에는 남은 음식이 상하지 않도록 냉장고에 잘 보관해야 한다.
7) 육안으로 별을 관찰하는 것보다 망원경을 사용하는 것이 더 정확하다.
8) 가품은 제대로 만드는 것처럼 보이지만 세부적인 부분에서 진품과 차이가 있다.
9) 탄산 음료를 마시면 순간 몸의 갈증이 없어지는 것처럼 느끼지만 갈증이 더 심해질 수 있다.
10) 과일을 더 달게 먹고 싶으면 냉장고 밖에 두었다가 먹는 것이 좋다.
11) 독이 있는 곤충들을 잡을 때는 곤충을 맨손으로 잡지 말고 항상 도구를 이용해야 한다.
12) 태양은 빛을 주는 것뿐만 아니라 지구의 기온을 조절하는 역할도 한다.
13) 동물들은 겨울에 추위를 피하여 잠을 잔다. 그러나 동물들이 겨울에 무조건 잠을 자는 것이 아니다.
14) 채소와 과일을 많이 먹으면 면역력을 높이는 데 도움이 된다.
15) 녹음된 소리는 실제 소리와 다르다. 왜냐하면 귀로 전달하는 방식이 다르기 때문이다.
16) 운동을 할 때는 차가운 물을 마셔야 한다. 왜냐하면 차가운 물이 몸에 더 잘 흡수되기 때문이다.
17) 식물학자들은 이 방법이 나무가 자신을 보호하는 방법이라고 말한다.
18) 의사들은 충분한 수면이 면역력을 높이는 데 중요하다고 말한다.
19) 남은 음식은 세균이 들어가 상할 수 있기 때문에 전문가들은 남은 음식의 뚜껑을 잘 닫아야 한다고 말한다.
20) 치과 의사들은 뜨거운 음식을 먹은 후 바로 차가운 음식을 먹지 말라고 말한다.

연습 2 핵심 정보 찾기   p.47

1.

> 배송 시스템은 물건이 안전하게 3)도착할 수 있게 설계되어 있다. 먼저 4)물건이 깨지지 않도록 1)튼튼하게 포장한다. 또한 빠르게 5)주소를 확인하기 위해서 2)자동 확인 프로그램을 사용한다. 이런 과정을 통해서 고객은 물건을 빠르고 정확하게 받을 수 있다.

Q1) 고객이 물건을 빠르고 안전하게 받을 수 있는 조건 두 개를 찾아서 표시하세요.   1), 2)

Q2) 위 글에서 '목적'을 나타내는 표현을 찾아서 표시하세요.   3), 4), 5)

2.

> 사람들은 별을 보면서 계절의 변화를 알 수 있다. 별은 1)밤하늘을 밝혀 주는 것뿐만 아니라 계절과 시간을 알려 주는 중요한 역할을 한다. 2)천문학자들은 계절마다 별자리의 위치가 달라진다고 말한다. 따라서 별은 아름다울 뿐만 아니라 인간의 삶에 유용한 정보를 주는 존재이다.

Q1) 별이 사람들에게 주는 유용한 것 두 개를 찾아서 표시하세요.   1)

Q2) 천문학자들이 말한 내용을 찾아서 표시하세요.   2)

3.

남은 음식을 보관할 때 뚜껑을 열어 두지 말고 반드시 닫아야 한다. 뚜껑을 잘 닫아야 1)세균 번식을 막을 수 있고 냄새가 나지 않는다. 따라서 뚜껑을 닫으면 2)불쾌한 냄새 없이 음식을 보관할 수 있을 뿐만 아니라 음식을 더 신선하게 유지할 수 있다.

Q1) 왜 뚜껑을 잘 닫아야 하는지 이유를 찾아서 표시하세요.　1)
Q2) 음식을 보관할 때 뚜껑을 닫으면 좋은 점을 찾아서 표시하세요.　2)

4.

1)외국인들은 한국 속담을 이해하기 어렵다. 2)왜냐하면 속담에는 한국의 전통 문화와 생활 방식이 담겨 있기 때문이다. 하지만 속담을 배우면 한국인의 생각을 이해하기 쉽다. 또한 의사 소통 능력을 높이고 한국 사회에 잘 적응하는 데에도 도움이 된다.

Q1) 외국인들이 한국 속담을 이해하기 어떤지 찾아서 표시하세요.　1)
Q2) 그 이유를 설명한 문장을 찾아 표시하세요.　2)

5.

작은 행동이 큰 결과를 만드는 것을 나비 효과라고 한다. 예를 들거 브라질에서 1)나비가 날갯짓을 하면 지구 반대편에서는 폭풍이 일어나는 것처럼 보인다. 이렇게 아주 작은 변화가 계속 이어져 2) 사회 전체가 크게 달라지게 된다. 따라서 나비 효과는 작은 행동이 큰 변화를 만들 수 있다는 것을 보여 준다.

Q1) 나비의 날갯짓을 비유적으로 표현한 부분을 찾아서 표시하세요.　1)
Q2) 나비 효과가 가져오는 변화를 찾아 표시하세요.　2)

6.

1)감염병을 막기 위해서 손을 자주 씻고 위생을 지키는 습관이 필요하다. 특히 대중교통이나 공공장소에서는 바이러스가 퍼지지 않도록 마스크를 꼭 써야 한다. 또한 2)전문가들은 많은 사람들이 만진 물건을 맨손으로 만지지 말라고 한다. 왜냐하면 세균이 손을 통해 쉽게 옮겨지기 때문이다.

Q1) 손을 자주 씻어야 하는 목적을 찾아서 표시하세요.　1)
Q2) 전문가들이 금지하는 행동을 나타내는 표현을 찾아 표시하세요.　2)

7.

1)갈증을 풀기 위해서 탄산음료를 마시는 사람이 많다. 탄산음료를 마실 때는 잠시 갈증이 없어진 것처럼 느껴지지만 사실은 갈증이 더 심해진다. 그 이유는 이런 음료에 들어 있는 2)당분이 우리 몸속의 물을 밖으로 나가게 하기 때문이다. 이렇게 수분이 빠져나가면 몸 안의 물이 줄어들어 갈증이 더욱 심해진다.

Q1) 사람들이 탄산음료를 마시는 목적을 찾아서 표시하세요.　1)
Q2) 탄산음료를 마신 후 더 갈증이 심해지는 이유를 찾아 표시하세요　2)

정답 및 해설

1. 이 글은 **가품과 진품의 차이**를 설명하면서 소비자에게 올바른 구매 태도를 권하는 내용이다.

● 모범답안
㉠ 만든 것처럼
㉡ 선택해야 한다고 말한다

● 정답 작성 전략   번역 **p.05**

문제 풀이	㉠ 가품이 겉으로 보기에는 진품처럼 보이지만 실제로는 재료나 내구성에 차이가 있다고 설명한다. 따라서 ㉠에는 '겉으로는 진품처럼 보인다'는 의미의 표현이 들어가야 한다.
	㉡ 이 문장은 전문가의 조언을 인용하는 내용이다. 권고의 의미가 자연스럽게 이어질 수 있게 ㉡에는 간접 인용 형태인 '선택해야 한다고 말한다'를 사용한다. 'V–아/어야 하다'를 사용하면 행동의 당위성을 나타낼 수 있다.

2. 이 글은 볼펜 잉크 얼룩 제거 방법을 설명하는 **설명문**이다.

● 모범답안
㉠ 사용하는 것이 좋다
㉡ 지우기 위해서

● 정답 작성 전략   번역 **p.06**

문제 풀이	㉠ 앞 문장에서 "잉크는 물에 녹지 않기 때문에 물로만 세탁해서는 얼룩을 깨끗이 없앨 수 없다."고 하였다. 이는 물세탁만으로는 충분하지 않다는 의미이다. 따라서 다음 문장에서는 다른 방법을 사용하는 것이 필요함을 나타내는 표현이 들어가야 한다.
	㉡ 이 문장은 알코올을 사용하는 목적을 설명하고 있다. 따라서 빈칸에는 목적을 나타내는 표현이 들어가야 한다. 'V–기 위해(서)'는 어떤 목적을 달성하기 위한 행동을 나타내는 문법이다. '잉크 얼룩'과 함께 사용할 수 있는 동사로는 '지우다', '제거하다', '없애다' 등이 있다.

3. 이 글은 나비의 날개 가루가 피부에 미치는 영향과 주의 사항에 대한 **설명문**이다.

◎ 모범답안

㉠ 걸리기 쉽다
㉡ 잡는 것보다

◎ 정답 작성 전략

번역 **p.07**

문제 풀이	㉠ 앞 문장에서 "나비 날개에는 미세한 가루가 있다"고 설명하고 뒤 문장에서는 "가려움과 붉은 반점이 생긴다"고 하였다. 이는 가루가 피부에 닿으면 피부 질환이 생길 가능성이 있음을 의미한다. '피부병에'라는 표현과 자연스럽게 결합하는 동사는 '걸리다'이다. 또한 이 문장은 반드시 피부병이 생긴다는 의미가 아니라 그럴 가능성이 높다는 뜻을 나타내야 하므로 'V-기 쉽다' 문법을 사용하는 것이 적절하다.
	㉡ "따라서 나비를 맨손으로 ( ) 도구를 사용하는 것이 더 좋다."라는 문장은 두 행동을 비교하여 도구 사용이 맨손보다 더 좋음을 표현한다. 따라서 빈칸에는 비교를 나타내는 연결 문법 'V-는 것보다'를 사용해야 한다.

4. 이 글은 젓가락 사용의 교육적 효과를 설명하는 **설명문**이다.

◎ 모범답안

㉠ 발달하는 데(에)
㉡ 배워야 한다고 말한다

◎ 정답 작성 전략

번역 **p.08**

문제 풀이	㉠ "손가락과 손목의 근육이 ( ) 도움을 준다." 여기에서 '도움을 주다'는 어떤 일에 기여함을 나타낼 때 사용된다. 이때 'V-는 데(에)'는 어떤 목적이나 과정과 관련된 상황을 나타낼 때 사용된다. 보통 '-는 데 도움을 주다', '는 데 필요하다', '-는 데 좋다'의 구조로 자주 사용된다.
	㉡ 여기서는 전문가들의 의견이나 조언을 인용하는 표현이 필요하다. 'V-아/어야 한다고 말하다'는 다른 사람의 조언이나 주장을 전달할 때 사용하는 문법이므로 '배워야 한다고 말한다'와 같은 표현이 자연스럽다.

정답 및 해설

원고지 쓰기 연습   p.67

	무	역		협	회		조	사		결	과	,	한	국		제	품	의		수	출	액	은	
지	난	해	보	다		12	.5	%	가		증	가	했	고		수	입	액	도		8.	3	%	
늘	어	났	다	.	특	히		전	자	제	품	,	자	동	차	,	의	류		수	출	액	이	
크	게		증	가	하	였	다	.	또	한	,	이		자	료	에		따	르	면		I	T	기
업	들	은		'	ap	p	개	발	'	,	'	A	I	서	비	스	'	,	'	on	li	ne	교	육	'
수	출	을		통	해		새	로	운		시	장	을		개	척	하	고		있	다	.		

연습 1   조사 기관, 대상, 내용 쓰기   p.68

1)

	누	리	시	에	서		직	장	인		3,	00	0	명	을		대	상	으	로		대	중	교
통		이	용	자		변	화	에		대	하	여		조	사	하	였	다	.					

2)

	건	강	연	구	소	에	서		청	소	년		50	0	명	을		대	상	으	로		비	만
청	소	년		증	가		원	인	에		대	하	여		조	사	하	였	다	.				

3)

	20	대		여	성	을		대	상	으	로		온	라	인		구	매		제	품	의		변
화	에		대	하	여		조	사	하	였	다	.												

연습 2   그래프 유형별 변화 쓰기   p.69

1)

	20	20	년		5	만		명	에	서		20	24	년		7.	6	만		명	으	로		1.
5	배		증	가	하	였	다	.																

2)

	20	23	년		17	.5	%	에	서		20	25	년		12	.5	%	로		약		30	%	
감	소	하	였	다	.																			

3)

	20	18	년		4	조		원	에	서		20	22	년		20	조		원	으	로		4	년
만	에		크	게		증	가	하	였	다	.													

🔍 더 알아보기

- ‘크게 증가하였다’와 비슷한 의미를 가진 다른 표현들을 사용해서 다양하게 바꿔 써 보세요.

  크게 증가하였다 ⟶ 대폭 증가하였다
  급격히 증가하였다
  크게 늘어났다

- 숫자, 비율, 양 + 증가하였다

  예) 수출액이 50억 달러로 증가하였다.

  독서 인구가 지난해보다 10% 증가했다.

- 수치, 시간, 인원, 현상 + 늘어났다

  예) 스마트폰 이용 시간이 늘어났다.

  학생들의 참여율이 꾸준히 늘어났다.

---

4)

	20	18	년		60	만		달	러	에	서		20	22	년		62	만		달	러	로		4
년	만	에		소	폭		증	가	하	였	다	.												

🔍 더 알아보기

- ‘소폭 증가하였다’와 비슷한 의미를 가진 다른 표현들을 사용해서 다양하게 바꿔 써 보세요.

  소폭 증가하였다 ⟶ 다소 증가하였다
  소폭 늘어났다
  소폭 증가하<u>는 데 그쳤다</u>.

> **V-는 데 그쳤다**
>
> **한정·제한** 일정 수준에서 멈추다, 일정 수준 이상 올라가지 못하다
> 예) ·자원봉사자 참여율은 2020년에 비해 2023년에 소폭 늘어나는 데 그쳤다. **한정**
> ·많은 사람들이 건강의 중요성을 알고 있지만 관심을 갖는 데 그쳤다. **제한**

정답 및 해설

5)

	20	18	년		89	%	에	서		20	22	년		92	%	로		증	가	하	다	가		20
25	년		85	%	로		감	소	하	였	다	.												

🔍 **더 알아보기**

✅ %는 읽을 때 '퍼센**트**'로 발음해요. 따라서 글쓰기를 할 때 '**%로**'를 사용해야 돼요.

예) 20°C 도**씨** → 20도씨로
　　60kg킬로그램 → 60킬로그램으로

연습 3　원인 쓰기 p.72

1)

	이	러	한		변	화	의		원	인	은		스	마	트	폰	이		대	중	화	되	면	서
온	라	인		게	임		연	령	층	이		확	대	되	었	고	,	컴	퓨	터		게	임	
이	용	자	가		온	라	인		게	임	으	로		이	동	했	기		때	문	인		것	으
로		보	인	다	.																			

2)

	이	러	한		변	화	의		원	인	은		금	연		정	책		강	화	와		가	격
인	상	으	로		담	배		소	비	가		줄	었	고	,	금	연	에		대	한		부	정
적		인	식		확	대	와		비	흡	연	자		중	심	의		사	회		분	위	기	가
확	산	되	었	기		때	문	이	다	.														

3)

	이	렇	게		전	기	차		구	매	자		수	가		증	가	한		원	인	은		첫
째	,	환	경		보	호	에		대	한		관	심	이		증	가	했	고	,	둘	째	,	보
조	금		정	책	과		전	기	차		충	전	소		확	대		등		정	부	의		지
원	이		확	대	되	었	기		때	문	이	다	.											

4)

	이	렇	게		모	바	일		선	물		쿠	폰		이	용	이		증	가	한		원	인
은		첫	째	,	품	목	이		다	양	하	며		할	인		혜	택	이		많	고	,	둘
째	,	모	바	일	로		간	단	히		전	송	할		수		있	어	서		시	간	과
장	소	에		제	한	이		없	기		때	문	이	다	.				

5)

	이	렇	게		A	I		서	비	스		이	용	률	이		증	가	한		원	인	은
첫	째	,	개	인	화	된		서	비	스	를		제	공	하	기		시	작	했	고	,	둘	째	,
A	I		서	비	스		활	용	으	로		정	보		검	색	과		작	업		처	리
시	간	이		단	축	되	었	기		때	문	이	다	.				

연습 4 전망 쓰기 p.74

1)

	이	러	한		변	화	가		계	속	된	다	면		청	소	년	의		하	루		스	마
트	폰		사	용		시	간	이		더		늘	어	날		것	으	로		보	인	다	.	

2)

	이	러	한		변	화	가		계	속	된	다	면		전	자	책		매	출	액	은		증
가	하	는		반	면	에		종	이	책		매	출	액	은		감	소	할		것	으	로
보	인	다	.					

3)

	이	러	한		변	화	가		계	속	된	다	면		온	라	인		쇼	핑		이	용	자
는		늘	어	나	는		반	면	에		오	프	라	인		쇼	핑		이	용	자	는		줄
어	들		것	으	로		보	인	다	.				

4)

	이	러	한		추	세	가		지	속	된	다	면		20	40	년	에	는		1	인		가
구		수	가		45	%	를		차	지	할		것	으	로		전	망	된	다	.		

정답 및 해설

5)

이	러	한		추	세	가		지	속	된	다	면		20	30	년	에	는		무	설	탕
음	료	가		일	반		음	료	보	다		더		큰		비	중	을		차	지	할		것
으	로		전	망	된	다	.															

🔍 **더 알아보기**

✓ 큰 비중을 차지하다 : 전체 중에서 많은 부분을 차지하고 있다

'큰 비중을 차지하다'와 바꿔서 사용할 수 있는 표현 몇 가지를 더 확인해 보세요.

큰 비중을 차지하다 ⟶ 높은 비율을 보이다

　　　　　　　　　　　　 많은 부분을 차지하다

---

6)

이	러	한		추	세	가		지	속	된	다	면		20	33	년	에	는		글	로	벌
디	지	털		헬	스		케	어		시	장	이		전	체		헬	스		케	어		시	장
의		약		30	%	를		차	지	할		것	으	로		전	망	된	다	.		

스스로 해결하기

1. 이 글은 **1인당 돼지고기 소비량의 변화와 원인을 설명**하는 **그래프 분석 문제**이다.

◉ 모범답안

> 농림축산식품부의 자료에 따르면, 1인당 돼지고기 소비량은 2015년 57.1kg에서 2020년 68.5kg으로 증가하다가 2025년 64.5kg으로 감소하였다. 특히 원산지별 소비량을 보면 국내산은 2015년 72.5kg에서 2025년 63.9kg으로 감소한 반면에 수입산은 같은 기간 25.1kg에서 48.5kg으로 증가하였다. 이러한 변화의 원인으로는 첫째, 높은 생산 비용으로 국내산 돼지고기의 가격이 상승하였으며 둘째, 햄과 소시지 베이컨 등 돼지고기 가공식품의 수입이 늘어났기 때문인 것으로 보인다.

◉ 정답 작성 전략

번역 p.09,10

문제 풀이	
	1) '단위' Kg을 어떻게 써야 합니까? 원고지에 단위를 쓸 때는 숫자 다음에 붙여서 'kg' 그대로 표기하면 된다. 'Kg'의 한국어 표기는 '킬로그램' 이므로, 필요에 따라 조사 '으로'를 함께 사용한다.
	2) 그래프의 증가 감소를 어떻게 표현합니까? 먼저 전체 1인당 돼지고기 소비량은 2015년 57.1kg에서 2020년 68.5kg으로 증가하였다가 2025년에는 64.5kg으로 감소하였다. 증가 후 감소하는 경향을 보였음을 정리하여 서술한다.
	3) 원산지별 소비량을 어떻게 비교합니까? • 국내산: 72.5kg → 63.9kg (감소)　　수입산: 25.1kg → 48.5kg (증가) 이 내용은 '반면에'와 같은 대비 표현을 사용하여 두 항목의 변화가 서로 다름을 분명히 제시하는 것이 좋다.

정답 및 해설

2. 이 글은 **한국 전통 기념품 매출액의 변화와 그 원인을 설명**하는 **그래프 분석 문제**이다.

◎ 모범답안

한국 전통 기념품 매출액 변화에 대하여 조사한 결과, 전체 매출액은 2020년 72억 원에서 2024년 263억 원으로 약 4.2배 증가하였다. 대상별 매출액 변화를 살펴보면 같은 기간 동안 한국인 대상 전통 기념품 매출액은 1.5배 증가에 그쳤으나 외국인 대상 매출액은 약 5배로 크게 증가하였다. 이러한 변화의 원인으로는 좋은 품질의 고급 기념품이 등장하였고, 한정판 기념품의 희소성이 강조되었기 때문이다. 또한 한국적 디자인을 살린 독특한 기념품이 많아져서 소장 욕구가 높아졌기 때문인 것으로 보인다.

번역 p.11,12

◎ 정답 작성 전략

문제 풀이	**1) 전체 매출액의 변화를 어떻게 제시합니까?** 먼저 전체 매출액의 흐름을 한 문장으로 정리해야 한다. 2020년 72억 원에서 2024년 263억 원으로 약 4.2배 증가하였다는 점을 정확하게 제시한다. 이때 "약 ○배 증가하였다", "크게 증가하였다"와 같은 표현을 사용하면 자연스럽다.
	2) 대상별 매출액을 어떻게 비교합니까? 다음으로 한국인 대상과 외국인 대상 매출액의 변화를 비교해야 한다. • 한국인 대상: 1.5배 증가 　 외국인 대상: 약 5배 증가 이때 한국인 대상 매출액 증가가 상대적으로 크지 않음을 강조하기 위하여 '-에 그치다'를 사용하는 것이 좋다. '-에 그치다'는 어떤 결과나 수준이 기대에 미치지 못했을 때 사용하는 표현이다.
	3) 변화의 원인을 어떻게 정리해야 합니까? 마지막으로 매출 증가의 원인을 정리해야 한다. 이때 새로운 원인을 추가하지 말고, 제시된 정보를 자연스럽게 정리하는 것이 적절하다.

3. 이 글은 **연령별 스마트폰 앱 사용 시간과 사용 목적의 차이를 설명**하는 **자료 분석형 그래프 문제**이다.

● 모범답안

정보통신연구원에서 연령별 스마트폰 앱 사용에 대하여 조사한 결과, 10~20대의 일일 스마트폰 앱 사용 시간은 6시간 30분으로 가장 길었고, 30~40대는 5시간 10분, 50대 이상은 4시간 30분으로 가장 짧았다. 앱 사용 목적을 살펴보면 10~20대는 콘텐츠 소비가 60%로 가장 높았으며, 30~40대는 쇼핑 목적이 가장 큰 비중을 차지하였다. 반면에 50대 이상은 뉴스 검색이 55%로 가장 높게 나타났다. 이러한 차이는 첫째, 세대별 생활 방식과 관심사가 다르고, 둘째, 디지털 활용 목적도 다르기 때문인 것으로 분석된다.

● 정답 작성 전략

번역 p.13,14

문제 풀이	**1) 연령별 사용 시간을 어떻게 비교합니까?** 연령별 사용 시간을 쓸 때 단순히 수치를 나열하는 것이 아니라 연령대에 따라 사용 목적이 다르다는 점을 분명히 써야 한다. 이때 '반면에'와 같은 대비 표현을 사용하면 효과적이다. '반면에'는 반드시 정반대의 의미일 때만 사용하는 표현이 아니라 서로 다른 점을 비교할 때도 자연스럽게 사용할 수 있다.
	2) 앱 사용 목적을 어떻게 비교합니까? 다음으로 연령대별 앱 사용 목적을 비교해야 한다. 그러나 200~300자 내에서 모든 수치와 내용을 자세히 쓰기 어렵다. 따라서 가장 중요한 정보, 특히 각 연령대에서 비중이 가장 높은 항목을 중심으로 정리하는 것이 바람직하다.
	3) 변화의 원인을 어떻게 정리해야 합니까? 마지막으로 세대 간 차이의 원인을 정리해야 한다. 제시된 원인 두 가지를 '첫째', '둘째'를 사용하여 자연스럽게 구조화하면 논리적인 글을 작성할 수 있다.

정답 및 해설

4. 이 문제는 최근 출제 경향을 반영한 새로운 유형의 **53번** 문제이다. 기존의 단순 비교형과 달리, **미래 예측과 해결 방안까지 포함하는 확장형** 문제이다. 따라서 **수치 정리뿐 아니라 문제점과 대책을 구조적으로 제시**해야 한다.

◑ 모범답안

	한	국	환	경	연	구	소	의		조	사	에		따	르	면	,	지	구		평	균		기
온	은		19	00	년		13	.8	℃	에	서		20	23	년		15	.1	℃	로		상	승	하
였	으	며		21	00	년	에	는		약		17	.3	℃	로		2	℃	정	도		더		높
아	질		것	으	로		예	상	된	다	.	이	러	한		기	온		상	승	으	로		인
해		폭	염	,	폭	우		등		자	연		재	해	가		자	주		발	생	하	고	,
농	업	,	어	업		생	산	량	이		감	소	하	여		경	제	적		손	해	가		발
생	할		것	으	로		보	인	다	.	이	러	한		문	제	를		해	결	하	기		위
해	서	는		개	인	은		대	중	교	통	을		이	용	하	고		일	회	용	품		사
용	을		줄	여		생	활		속	에	서		탄	소	를		줄	이	는		노	력	이	
필	요	하	다	.	또	한		국	가	는		재	해		대	응		시	스	템	을		강	화
하	고		국	제		협	력	을		확	대	해	야		한	다	.							

번역 p.15,16

◑ 정답 작성 전략

<table>
<tr>
<td rowspan="3">문제
풀이</td>
<td>

1) 미래 예상 수치는 어떻게 표현해야 합니까?

2023년 이후의 그래프는 예상 수치이므로 미래 예측 표현을 사용해야 한다. 미래의 예상 수치를 나타낼 때는 '-(으)ㄹ 것으로 예상된다' 와 같은 표현을 사용하는 것이 적절하다.

예) 2100년에는 약 17.3℃로 더 높아질 것으로 예상된다.

　　기온이 계속 상승할 것으로 예상된다.

</td>
</tr>
<tr>
<td>

2) 기온 상승으로 인한 문제의 원인을 어떻게 써야 합니까?

기온 상승으로 인해 발생하는 문제를 정리할 때는 원인과 결과를 자연스럽게 연결해야 한다. 이때 사용할 수 있는 이유 표현은 'N(으)로 인하여','N 때문에' 등이 있다.

예) 기온 상승으로 인하여 폭염과 폭우가 자주 발생할 것으로 보인다.

　　기온 상승 때문에 농업·어업 생산량이 감소할 수 있다.

</td>
</tr>
<tr>
<td>

3) 해결 방안은 어떻게 써야 합니까?

해결 방안을 제시할 때는 '이러한 문제를 해결하기 위해서는 -아/어야 한다' 표현을 사용하면 자연스럽다. 이 표현은 문제를 제시 뒤 해결 방안을 이어서 제시할 때 자주 사용된다.

</td>
</tr>
</table>

 **주제를 보고 내 생각 쓰기**

연습 1   도입 쓰기 p.93

1) 스마트폰은 많은 장점이 있지만 여러 문제점도 가지고 있다.
2) 디지털 사회에서 올바른 격려와 응원을 위해서 우리는 어떤 노력이 필요할까?
3) 고령화가 핵가족화 때문에 1인 가구가 급격히 증가하고 있다.
4) 급변하는 사회 속에서 평생 교육의 중요성이 점점 확대되고 있다.
5) 4.5일 근무제는 일과 생활의 균형을 유지 측면에서 주목받고 있다.
6) 디지털 기술 발전 때문에 비대면 서비스가 빠르게 늘어나고 있다.
7) 리더십이란 의견을 조율하고 같은 목표를 향해 나가는 것을 의미한다.
8) 현대 사회에서는 원활한 소통을 위해서 공감과 경청이 필요하다.

연습 2   전개 쓰기 p.95

1) 　4.5일 근무제는 일과 생활의 균형을 유지할 수 있다는 점에서 중요한 의미가 있다. 4.5일 근무제를 시행하면 여러 가지 긍정적인 변화를 가져올 수 있다. **첫째, 교통비를 절약할 수 있다.** 근무일이 줄어들면 출퇴근 횟수도 줄어들기 때문이다. **둘째, 집중력이 향상되어 생산성이 높아질 수 있다.** 업무 시간을 효율적으로 활용할 수 있어 같은 시간 안에 더 많은 성과를 낼 수 있기 때문이다. **셋째, 여가 시간을 가질 수 있고 가족과 더 많은 시간을 보낼 수 있다.** 이는 삶의 만족도를 높이는 데 도움이 된다. 또한 충분한 휴식을 통해 스트레스가 줄어들고 정신 건강에도 긍정적인 영향을 준다.

2) 　스마트폰 보급은 정보를 쉽고 빠르게 얻을 수 있다는 장점이 있다. 그러나 여러 가지 문제점도 나타난다. **첫째, 개인 정보 유출이나 보안 문제가 생길 수 있다.** 개인 정보가 유출되면 경제적 피해나 사회적 문제로 이어질 수 있다. **둘째, 사람들과 직접 얼굴을 보며 대화하는 시간이 줄어든다.** 이는 인간관계가 약해지고 사회적 소통 능력이 떨어지는 결과를 가져올 수 있다. **셋째, 스마트폰 중독으로 수면 부족이나 집중력 저하 문제가 발생한다.** 실제로 스마트폰을 오래 사용하면 학업이나 업무 효율성이 떨어지게 된다.

3) 　디지털 기술의 발전으로 인하여 비대면 서비스가 빠르게 확산되고 있다. 이러한 변화의 배경에는 몇 가지 이유가 있다. **첫째, 스마트폰과 인터넷 기술의 발달 때문이다.** 누구나 쉽게 앱을 설치하고 인터넷에 접속할 수 있어 비대면 서비스를 이용하기가 쉬워졌다. **둘째, 대면 접촉을 피하는 사회 분위기가 확산되고 있다.** 감염병의 유행 이후 사람들은 다른 사람과 직접 만나지 않고도 필요한 일을 처리하려는 경향이 강해졌다. **셋째, 언제 어디서나 빠르고 편리하게 이용할 수 있는 장점이 있다.** 예를 들어 은행을 직접 방문하지 않아도 스마트폰으로 송금이나 결제를 할 수 있기 때문에 많은 사람들이 비대면 서비스를 선호하게 되었다.

4) 　현대 사회에서 리더십은 중요하다. 리더십을 발휘하면 긍정적인 결과를 얻을 수 있다. **먼저 집단의 목표를 효과적으로 달성할 수 있다.** 리더가 방향을 제시하고 과정을 관리하면 구성원들이 체계적으로 움직일 수 있기 때문이다. **다음으로 구성원 간의 협력과 신뢰가 강화된다.** 리더가 소통을 중시하고 역할을 조율하면 구성원들은 서로 의지하며 협력하게 된다. **나아가 더 큰 성취감을 느낄 수 있고 사회 변화를 이끌 수 있다.** 올바른 리더십은 개인의 성취를 넘어 집단과 사회의 긍정적인 변화를 만들어내기 때문이다.

정답 및 해설

5) 디지털 사회에서 다른 사람들과 원활한 소통을 위해서 공감과 경청이 필요하다. 그러나 현대 사회에서는 공감과 경청이 줄어들고 있다. 공감과 경청이 부족하면 여러 가지 문제가 발생한다. **첫째, 대인 관계의 갈등이 심화된다. 서로의 입장을 이해하지 못하기 때문에 사소한 오해도 큰 싸움으로 이어질 수 있다. 둘째, 다른 사람의 감정을 이해하지 못하게 된다. 상대방의 말에 주의를 기울이지 않으면 진심을 알기 어렵다. 나아가 사회 전반의 공동체 의식이 약화되어 심각한 단절을 유발할 수 있다. 결국 개인뿐 아니라 사회 전체에도 부정적인 영향을 미치게 된다.**

6) 우리는 새로운 일을 시작하거나 실패를 경험했을 때 주위 사람들에게 격려와 응원을 받는다. 그러나, 모든 격려와 응원이 긍정적인 것은 아니다. **예를 들어, "넌 무조건 잘할 거야."라는 말은 실패했을 때 큰 실망을 줄 수 있고 기대가 오히려 압박이 될 수 있다. "그 사람도 했는데 너는 왜 못해?"라는 말을 하는 것도 좋지 않다. 이는 상대방을 비교하는 표현이기 때문에 상대방의 자존감을 떨어뜨릴 수 있다. 마지막으로 "이 정도도 못하면 큰일이지."라는 말은 비난으로 들려 용기보다 좌절감을 줄 수 있다. 다시 말해 진심이 담긴 격려와 응원은 상대방의 노력을 인정하고 용기를 주는 말이다.**

7) 성인 학습자가 언어를 효율적으로 학습하기 위해서는 체계적인 학습 방법이 중요하다. **먼저 학습한 표현을 생활에서 꾸준히 기억하고 반복해야 한다. 예를 들어 일상 대화에서 배운 표현을 의식적으로 사용하면 장기 기억으로 저장될 가능성이 높아진다. 다음으로 학습 내용을 정리하고 부족한 부분을 스스로 확인하는 것이 필요하다. 학습 노트를 사용해 자주 틀리는 표현을 정리하면 자신의 약점을 정확하게 파악할 수 있다. 즉, 지속적인 반복과 자기 점검이 언어 학습의 효율을 높이는 방법이다.**

연습 3 마무리 쓰기 p.100

1) 4.5일 근무제는 일과 생활의 균형을 유지할 수 있다는 점에서 중요한 의미를 가진다. 특히 4.5일 근무제를 시행하면 첫째, 교통비를 절약할 수 있고 둘째, 근로자의 여가 시간이 늘어나 삶의 만족도가 높아진다. 셋째, 충분한 휴식을 통해 업무 효율성도 향상될 수 있다. 4.5일 근무제를 안정적으로 시행하기 위해서 **먼저 개인은 주어진 시간 안에 일을 처리할 수 있도록 자기 관리 능력을 키워야 한다. 또한 근무 시간이 줄어든 만큼 업무의 집중력을 높이고 효율성을 향상시켜야 한다. 기업 측면에는 여러 가지 시스템을 지원해야 한다. 불필요한 보고와 회의를 줄이고, 업무 프로세스를 간소화해야 한다. 우리가 이러한 노력을 함께 한다면 4.5일 근무제를 통해 근로자는 더 행복해지고 기업은 더 성장할 수 있다.**

2) 스마트폰 보급은 장점이 많지만 동시에 문제점도 있다. 첫째, 대면 의사소통이 감소한다. 둘째, 스마트폰 중독으로 인하여 수면 부족이나 집중력 저하 문제가 발생한다. 셋째, 넘쳐나는 정보 속에서 신뢰할 수 있는 정보를 구분하기 어렵다. 스마트폰 보급의 문제점을 해결하기 위하여 여러 가지 노력이 필요하다. **첫째, 개인은 스마트폰 사용 시간을 조절해야 한다. 그래야 공부나 일에 더 집중할 수 있다. 둘째, 일정 시간은 가족이나 친구와 같이 보내야 한다. 직접 대화를 통해 관계를 더 돈독히 할 수 있다. 나아가 사회적으로는 스마트폰 중독 예방을 위한 교육과 캠페인을 실시해야 한다. 많은 사람들이 올바른 사용 습관을 기를 수 있기 때문이다.**

3) 비대면 서비스를 올바르게 활용하기 위해서는 개인과 사회의 노력이 모두 필요하다. 먼저 **우리는 비대면 서비스에만 의존하지 말고 필요한 경우에는 대면 소통을 해야 한다. 이를 통하여 사람들 간의 관계가 단절되지 않고 신뢰를 유지할 수 있다. 또한 사회에서는 이용자들의 불편함을 최소화하기 위하여 서비스 접근성을 강화해야 한다. 왜냐하면 누구나 쉽게 사용할 수 있어야 비대면 서비스의 장점이 더 많은 사람들에게 도움이 되기 때문이다. 이렇게 개인과 사회의 노력이 뒷받침된다면 비대면 서비스는 우리 삶의 편리함을 가져올 것이다.**

4) 현대 사회에서 리더십은 중요하다. 리더십을 발휘하면 긍정적인 결과를 얻을 수 있다. 리더십은 저절로 생기지 않는다. 리더십을 기르기 위해서는 **첫째, 책임감과 소통 능력을 꾸준히 키워야 한다. 이를 통하여 구성원들의 신뢰를 얻을 수 있다. 둘째, 작은 모임이나 활동에서도 실제 리더가 되어 연습해야 한다. 경험을 통해 리더십을 점차 성장시킬 수 있기 때문이다. 나아가, 리더십은 개인의 성장을 넘어 집단과 사회 전체의 발전으로 이어질 수 있다. 따라서 리더십을 올바르게 기른다면 개인의 성공뿐 아니라 사회의 발전에도 크게 도움이 될 것이다.**

5) 디지털 사회에서 다른 사람들과 원활한 소통을 위해서 공감과 경청이 필요하다. 그러나 현대 사회에서는 공감과 경청이 줄어들고 있다. 공감과 경청이 부족하면 대인 관계가 약화될 수 있고 신뢰가 무너질 수 있다. 이러한 이유로 디지털 사회에서 공감과 경청을 위한 노력이 필요하다. **먼저 개인 측면에서는 대화를 할 때 핸드폰을 보지 않고 상대방에게 집중해야 한다. 다음으로 짧은 줄임말 사용보다 상대방의 감정을 존중하는 표현을 사용해야 한다. 이런 태도가 상대방에게 신뢰를 줄 수 있다. 사회 측면에서는 학교나 직장에서 공감과 경청의 중요성을 가르치고 실제 상황에서 연습할 기회를 제공해야 한다. 이를 통해 공감과 경청이 자연스럽게 생활 속에 자리 잡을 수 있다. 결국 우리 모두가 노력한다면 공감과 경청의 가치를 실천할 수 있을 것이다.**

6) 우리는 새로운 일을 시작하거나 실패를 경험했을 때 주위 사람들에게 격려와 응원을 받는다. 그러나 상대방의 기분을 고려하지 않거나 진심이 없는 격려와 응원은 오히려 상처가 될 수 있다. 따라서 효과적인 격려와 응원을 하려면 말과 행동에 진심이 있어야 한다. **예를 들어 "열심히 준비한 과정이 정말 대단하다."라는 말은 결과보다 과정을 인정하는 표현으로, 이런 말을 들으면 상대방의 자신감이 커질 수 있다. 또한 "너의 노력이 좋은 결과로 이어질 거야."라는 말은 미래에 대한 희망을 주어 상대방이 용기를 잃지 않도록 돕는다. 더 나아가 "네가 최선을 다하는 모습이 나에게 큰 감동을 준다."라는 말은 자신의 노력이 다른 사람에게 긍정적인 영향을 준다는 사실에 보람을 느끼게 한다. 이처럼 상대방의 상황에 맞는 진심 어린 격려와 응원은 우리 사회를 더욱 따뜻하게 만들 것이다.**

7) 앞에서 살펴본 것과 같이 성인 학습자의 언어 학습은 여러 측면에서 중요한 의미를 가진다. **개인 측면에서는 역량 강화와 자기 계발에 도움이 된다. 예를 들어, 새로운 언어를 배우는 과정에서 문제 해결 능력과 문화 이해력이 향상되어 경쟁력이 높아질 수 있다. 더 나아가 사회 측면에서는 사회 전체의 의사소통 능력을 높이는 데 중요한 역할을 한다. 이는 다양한 배경을 가진 사람들이 원활하게 소통할 수 있는 기반을 마련하여 사회 통합과 협력을 촉진한다는 점에서 의미가 있다. 그러므로 성인 학습자의 언어 학습은 개인과 사회 모두에 긍정적인 영향을 미친다.**

스스로 해결하기

p.108

1. 이 문제는 '**4.5일 근무제**'의 장점과 문제점을 분석하고, 해결 방안을 제시하는 유형이다.

◐ 모범답안

　현대 사회에서 일과 생활의 균형을 중시하는 분위기가 커지면서 4.5일 근무제가 주목을 받고 있다. 4.5일 근무제는 근로자의 삶의 질을 높일 뿐만 아니라 기업의 생산성 향상에도 긍정적인 영향을 미친다. 근로자는 금요일 오후부터 개인 시간을 갖거나 가족과 함께 여가를 즐길 수 있으며, 충분히 휴식한 근로자는 재충전 후 더 효율적으로 일할 수 있다.

　그러나 4.5일 근무제가 도입되면 여러 장점이 있는 동시에 문제점도 발생할 수 있다. 첫째, 공공 서비스 분야에서는 근무 시간이 줄어들면서 업무 공백이 발생한다. 예를 들어 병원이나 공공 서비스 근로자들도 근무 시간이 줄어들기 때문에 생활에 불편이 생길 수 있다. 둘째, 인력 부족 문제가 생길 수 있다. 중소기업의 경우 인력이 부족한 상황에서 근무 시간이 줄어들면 기존 근로자들의 업무 부담이 더욱 커질 수 있다. 셋째, 동료들 간 교류 시간이 감소한다. 동료들과 함께 하는 시간이 적어져서 원활한 의사소통이 어려울 수 있다.

　따라서 4.5일 근무제의 안정적인 시행을 위해 먼저 개인은 근무 시간에 집중력을 높이고 동료들과의 관계를 발전시켜야 한다. 기업 측면에서는 교대 근무제 도입이나 온라인 서비스를 확대하여 인력 부족 문제를 예방해야 한다. 이러한 노력이

| 뒷 | 받 | 침 | 된 | 다 | 면 | | 4 | . | 5 | 일 | | 근 | 무 | 제 | 는 | | 근 | 로 | 자 | 와 | | 기 | 업 | | 모 |
| 두 | 에 | 게 | | 긍 | 정 | 적 | 인 | | 변 | 화 | 를 | | 가 | 져 | 올 | | 것 | 이 | 다 | . | | | | | |

650
700

번역 p.17,18

● 정답 작성 전략

문제 풀이	**1) 도입 – 4.5일 근무제 시행 배경, 긍정적 효과** 도입에서는 4.5일 근무제가 등장하게 된 사회적 배경을 간단히 설명하고, 제도의 긍정적인 효과를 함께 제시해야 한다. 예를 들어, 현대 사회에서 일과 생활의 균형을 중시하는 분위기가 확대되고 있다는 점을 언급한 뒤에 4.5일 근무제가 삶의 질 향상과 생산성 증가에 긍정적인 영향을 줄 수 있음을 밝히는 것이 좋다. 이렇게 하면 글의 주제와 방향이 명확해진다. **2) 전개 – 4.5일 근무제의 문제점과 구체적 예시** 전개에서는 4.5일 근무제 도입 시 나타날 수 있는 문제점을 2~3가지 제시해야 한다. 문제점으로 공공 서비스 분야의 업무 공백, 인력 부족 문제, 동료 간 교류 감소 등을 구체적으로 서술할 수 있다. 단순 나열이 아니라 각 문제점을 하나의 문단으로 정리하는 것이 중요하다. 문제점을 제시할 때에는 반드시 구체적인 예를 덧붙이는 것이 좋다. 예를 들어 병원이나 공공 서비스 분야에서 근무 시간이 줄어들 경우 시민들이 불편을 겪을 수 있다는 점을 제시하면 내용의 설득력이 높아진다. 구체적 사례는 글의 완성도를 높이는 중요한 요소이다. **3) 마무리 – 문제 해결 방안, 긍정적인 전망** 마무리에서는 문제 해결 방안을 제시하고, 긍정적인 전망으로 글을 끝내야 한다. 개인과 기업의 노력을 구체적으로 제시한 뒤, 이러한 노력이 뒷받침된다면 4.5일 근무제가 긍정적인 변화를 가져올 수 있다는 전망으로 마무리하면 글의 통일성과 설득력이 강화된다.

📝 표현 한 단계 올리기

☑ 짧고 쉬운 표현도 괜찮지만 표현을 한 단계 업그레이드하면 더 높은 점수를 받을 수 있습니다. 아래 표현들을 익히고 실제 시험에서 다양하게 활용해 보세요.

- 분위기가 **커지면서** → 분위기가 **확산되면서**
- **효율적으로 일할 수 있다** → **업무 효율성을 극대화할 수 있다**
- **문제가 발생할 수 있다** → **부작용이 따를 수 있다**
- 생활에 **불편이 생길 수 있다** → **불편을 초래할 수 있다**
- **업무 부담이 더욱 커질 수 있다** → 업무 부담이 **심화될 수 있다**
- **관계를 발전시켜야 한다** → **관계를 돈독히 해야** 한다

고득점 고급 어휘 ·효율성을 극대화하다 ·부작용이 따르다 ·불편을 초래하다 ·관계를 돈독히 하다

정답 및 해설

2. 이 문제는 **리더십의 필요성을 설명**하고, 그 **효과와 실천 방안을 논리적으로 제시**하는 유형이다.

◉ 모범답안

　　현대 사회는 **경쟁이 심하고** 개성을 중시하기 때문에 자신을 효과적으로 표현하기 위해서 리더십이 필요하다. 사회에서 집단을 이끌고 목표를 달성하도록 하는 힘이 바로 리더십이다. 리더십은 단순히 다른 사람을 지휘하는 능력이 아니라 다양한 **의견을 하나로 모아서** 협력을 이끌어내는 능력이다. 즉 현대 사회에서 리더십은 개인과 집단 모두의 성장을 위해 반드시 필요한 요소이다.

　　먼저 리더십을 발휘하면 집단의 목표를 효과적으로 달성할 수 있고, 구성원 간의 협력과 신뢰가 강화된다. 다음으로 리더가 공정하게 역할을 분담하고 문제를 해결하면 팀 분위기가 활발해지고 **성과도 높아진다.** 나아가 개인의 성장에도 도움이 된다. 책임감을 기를 수 있으며 미래 사회에서 요구하는 다양한 **경험을 쌓을 수 있다.** 이처럼 리더십은 개인과 집단 모두에게 중요한 결과를 가져온다.

　　그러나 리더십은 저절로 생기지 않는다. 리더십을 기르기 위해서는 **책임감과 소통 능력을 꾸준히 키워야 하며**, 다양한 의견을 듣고 존중하는 태도가 필요하다. 무엇보다 갈등 상황에서 문제를 공정하게 해결하려는 자세를 가져야 한다. 더불어 국제 사회의 빠른 변화 속에서 협력과 이해를 바탕으로 한 리더십은 개인을 넘어 공동체 발전에도 큰 도움이 될 것이다. 결국 이러한 노력을 통해 형성된 리더십은 개인의 자신감을 키우고,

<table>
<tr><td>건</td><td>강</td><td>한</td><td></td><td>조</td><td>직</td><td></td><td>문</td><td>화</td><td>를</td><td></td><td>만</td><td>들</td><td>어</td><td></td><td>가</td><td>는</td><td></td><td>시</td><td>작</td><td>점</td><td>이</td><td></td><td>될</td><td></td></tr>
<tr><td>수</td><td></td><td>있</td><td>다</td><td>.</td><td></td><td></td><td></td><td></td><td></td><td></td><td></td><td></td><td></td><td></td><td></td><td></td><td></td><td></td><td></td><td></td><td></td><td></td><td></td><td></td></tr>
</table>

700

◎ 정답 작성 전략　　　　　　　　　　　　　　　　　번역 p.19,20

문제 풀이	**1) 도입 – 리더십의 정의, 현대 사회에서의 필요성** 도입에서는 리더십의 의미를 간단히 정의하고, 현대 사회에서 왜 필요한지 제시해야 한다. 협력과 소통이 중요해진 사회적 배경을 제시하고 리더십이 개인과 집단의 성장을 위해 필수적이라는 점을 언급하는 것이 좋다.
	2) 전개 – 리더십의 효과와 구체적 사례 전개에서는 리더십의 효과를 2~3가지로 나누어 설명해야 한다. 집단의 목표 달성, 구성원 간 협력 강화, 개인의 성장 등으로 구분하여 서술할 수 있다. '먼저, 다음으로, 나아가'와 같은 연결 표현을 사용하면 글의 흐름이 자연스럽고 논리적으로 보인다. 효과를 설명할 때에는 구체적인 상황이나 사례를 같이 사용해야 한다. 예를 들어 리더가 공정하게 역할을 분담하면 팀 분위기가 좋아지고 성과가 향상될 수 있다는 점을 제시하면 설득력이 높아진다. 단순한 주장보다는 구체적 설명이 있을 때 글의 완성도가 높아진다.
	3) 마무리 – 문제 해결 방안, 긍정적인 전망 마무리에서는 리더십을 기르기 위한 개인의 노력과 그것이 사회에 미치는 긍정적 가치를 함께 제시해야 한다. 책임감과 소통 능력을 키우는 노력이 개인의 성장뿐 아니라 건강한 조직 문화 형성에도 도움이 된다는 점을 언급하며 긍정적으로 글을 마무리한다.

📝 표현 한 단계 올리기

- 경쟁이 **심하고** → 경쟁이 **치열하고**
- 의견을 **하나로 모으고** → 의견을 **조율하고**
- 성과가 **높아진다** → 성과가 **향상된다**
- 경험을 **쌓을 수** 있다 → 경험을 **축적할 수** 있다
- 책임감을 **기를 수** 있으며 → 책임감을 **함양할 수** 있으며
- 조직 문화를 만들어 가는 **시작점이 될 수 있다** → 조직 문화를 만들어 가는 **토대가 될 수 있다**

고득점 고급 어휘　　·--이/가 치열하다　·경험을 축적하다　·책임감을 함양하다　·토대가 되다

정답 및 해설

3. 이 문제는 **디지털 사회의 특징을 바탕으로 인간관계의 변화와 그에 따른 문제점을 분석**하고, **해결 방안을** 제시하는 사회 현상 분석형 문제이다.

◉ 모범답안

스마트폰과 SNS 같은 디지털 기기는 우리의 생활을 더욱 편리하게 만들었다. 언제 어디서나 정보를 얻을 수 있고, 멀리 있는 사람과도 쉽게 소통할 수 있다. 그러나 디지털 기기 사용이 늘어나면서 다른 사람과 감정을 공유하는 공감 능력과 상대방의 말을 주의 깊게 듣는 경청 태도는 점점 약해지고 있다. 그렇다면 디지털 사회에서 공감과 경청의 부족이 가져오는 문제점은 무엇일까?

먼저 대인 관계의 갈등이 심화될 수 있다. 예를 들어 친구가 고민을 이야기 할 때 휴대폰만 보면서 대충 대답하면 친구는 자신이 무시당했다고 느낄 수 있고 관계가 나빠질 수 있다. 다음으로 가정에서도 가족 간 대화가 줄어들어서 가족 사이가 멀어질 수 있다. 나아가 사람들과의 관계가 무너져서 점점 외로움을 느끼게 된다. 즉 공감과 경청의 부재는 개인적 문제를 넘어서 사회 전반에도 부정적인 영향을 미친다.

따라서 디지털 기기를 생활 속에서 유용하게 활용하는 동시에 공감과 경청의 태도를 지키려는 노력이 필요하다. 개인 측면에서는 대화할 때 휴대폰을 잠시 내려놓고 상대방의 눈을 보며 이야기하는 것이 좋다. 또한 상대방의 감정을 이해하고 존중하는 표현을 적극적으로 사용해야 한다. 사회 측면에서는 교육을 통해 공감과 경청의 가치를 강조해야 한다. 개인과 사회가 함께 노력한

다면, 디지털 기기의 **부족한** **점을** **개선하여** 공감
과 경청의 가치를 지켜 나갈 수 있다.

700

◎ 정답 작성 전략

번역 p.21,22

<table>
<tr><td rowspan="3">문제
풀이</td><td>

1) 도입 – 디지털 기기의 장점 제시 후 공감과 경청이 약해진 배경 설명

도입에서는 디지털 기기의 장점을 먼저 제시한 후에 그로 인해 공감과 경청이 약해진 배경을 생각해야 한다. 정보 접근의 편리함과 소통의 용이성을 언급한 후, 디지털 기기 사용 증가로 인해 감정 교류와 깊이 있는 대화가 줄어들고 있다는 점을 제시하면 글의 문제의식이 분명해진다.

</td></tr>
<tr><td>

2) 전개 – 공감과 경청 부족의 문제점과 주장 강화

전개에서는 공감과 경청 부족으로 나타나는 문제점을 단계적으로 제시해야 한다. '먼저, 다음으로, 나아가'와 같은 연결 표현을 활용하여 내용을 확장하면 논리적인 구조를 만들 수 있다. 친구 관계의 갈등, 가정 내 대화 감소, 사회적 고립 문제 순으로 범위를 넓혀 가며 글을 쓰면 더욱 체계적인 보인다.

전개의 마지막 문장에서는 '즉'을 사용하여 앞의 내용을 한 문장으로 정리하는 것이 좋다. 예를 들어 공감과 경청의 부족이 개인을 넘어 사회 전반에 부정적인 영향을 미친다는 점을 강조하면 글의 핵심 메시지가 더욱 분명해진다. 이러한 정리 문장은 글의 주장을 강화하는 역할을 한다.

</td></tr>
<tr><td>

3) 마무리 – 개인과 사회의 노력 제시

마무리에서는 개인과 사회의 노력을 모두 제시한다. 개인적으로는 대화 태도를 개선하는 방법을 제시하고, 사회적으로는 교육이나 제도적 노력을 서술한다. 마지막에는 우리 사회가 모두 노력한다면 공감과 경청의 가치를 지켜 나갈 수 있다는 희망적인 전망으로 마무리하면 글의 완성도가 높아진다.

</td></tr>
</table>

📝 표현 한 단계 올리기

- 편리하게 만들었다 → 용이하게 만들었다
- 공감과 경청의 **약화가 가져오는** 문제점 → 공감과 경청의 **약화가 유발하는** 문제점
- 가족 사이가 멀어질 수 있다 → 가족의 **유대감이 약화될 수** 있다
- 관계가 **무너져서** → 관계가 **붕괴되어서**
- **외로움을 느끼게 된다** → **소외감을** 느끼게 된다
- 부족한 점을 **개선하여** → 부족한 점을 **보완하여**

고득점 고급 어휘　　· -을/를 유발하다　· 유대감이 약화되다　· 소외감을 느끼다　· -을/를 보완하다

정답 및 해설

4. 이 문제는 '위로'라는 개념을 중심으로 그 **필요성과 방법, 그리고 그 가치를 논리적으로 설명**하는 가치·태도 제시형 논술 문제이다.

◆ 모범답안

　　경쟁 사회를 살아가는 우리에게 위로는 반드시 필요한 요소이다. 시험에 실패하거나 직장에서 어려움을 겪었을 때, 또는 병에 걸렸을 때 우리는 위로를 통해 다시 시작할 힘을 얻는다. 위로는 단순한 말이 아니라 다시 일어날 수 있도록 돕는 힘이며 **말이나 행동으로 표현될 수 있다.**

　　위로할 때는 무엇보다 진심과 상황에 맞는 표현이 필요하다. 예를 들면 시험에 떨어진 친구에게 "다음에 또 하면 되지."라고 말하면 **가볍게 들릴 수 있다.** 반면에 "이번에 정말 열심히 준비했는데 아쉽다. 다음에는 좋은 결과가 있을 거야."라고 말하면 노력을 인정받는 것 같아서 다시 도전할 용기를 얻을 수 있다. 또한 병에 걸려서 힘든 사람에게 단순히 "힘내."라고 말하는 것보다 직접 도와주거나 함께 시간을 보내는 것이 훨씬 큰 위로가 된다. 다시 말해 **위로는 말에만 그치는 것이 아니라** 상황에 맞게 행동으로 나타나야 한다.

　　위로는 희망과 자신감을 주고 **인간관계를 더욱 단단하게 만든다.** 이는 혼자 해결할 수 없는 어려움을 극복하는 데 도움이 된다. 게다가 올바른 위로는 개인의 회복을 돕는 동시에 **건강한 사회를 만들어 가는 힘이 된다.** 작은 위로가 모여서 큰 힘이 되듯이 우리의 말과 행동은 다른 사람의 삶을 바꿀 수 있는 계기가 된다. 그러므로, 우리는 언제나 상대방의 마음을 이해하고 존중하

<table>
<tr><td>며</td><td></td><td>항</td><td>상</td><td></td><td>위</td><td>로</td><td>할</td><td></td><td>줄</td><td></td><td>아</td><td>는</td><td></td><td>태</td><td>도</td><td>를</td><td></td><td>가</td><td>져</td><td>야</td><td></td><td>한</td><td>다</td><td>.</td></tr>
<tr><td></td><td></td><td></td><td></td><td></td><td></td><td></td><td></td><td></td><td></td><td></td><td></td><td></td><td></td><td></td><td></td><td></td><td></td><td></td><td></td><td></td><td></td><td></td><td></td><td></td></tr>
</table>

700

◎ 정답 작성 전략

번역 p.23,24

문제 풀이	**1) 도입 – 현대 사회에서 '위로'가 필요한 배경** 도입에서는 현대 사회의 특징을 먼저 제시한 뒤, 왜 위로가 필요한지 연결해야 한다. 경쟁이 심한 사회 속에서 시험 실패, 직장 문제, 질병 등 누구나 겪을 수 있는 어려움을 예로 들며 위로의 필요성을 설명한다.
	2) 전개 – 구체적인 예시를 "대화문"으로 작성 전개에서는 위로의 방법을 설명할 때 단순한 주장에 그치지 말고, 구체적인 대화 예시를 제시하는 것이 좋다. 예를 들어 "다음에 또 하면 되지.","이번에 정말 열심히 준비했는데 아쉽다. 다음에는 좋은 결과가 있을 거야."와 같은 실제 대화문을 사용하면 글의 설득력이 높아진다.
	3) 마무리 – 위로를 통해서 우리 사회가 나아갈 수 있는 방향 마무리에서는 위로의 힘을 개인과 사회 측면에서 정리하고, 긍정적인 전망으로 글을 정리한다. 위로가 개인의 회복을 돕고, 건강한 사회를 만드는 흔이 된다는 내용으로 작성한다.

📝 표현 한 단계 올리기

- 말이나 행동으로 **표현될 수 있다** → 말이나 행동으로 **발현될 수 있다**
- **가볍게 들릴 수 있다** → **진정성이 부족하게 들릴 수 있다**
- 위로는 말에만 **그치는 것이 아니라** → 위로는 말에만 **국한되는 것이 아니라**
- 인간관계를 더욱 **단단하게 만든다** → 인간관계를 더욱 **공고히 만든다**
- 건강한 사회를 만들어 가는 **힘이 된다** → 건강한 사회를 만들어 가는 **원동력이 된다**
- 위로할 줄 아는 **태도를 가져야 한다** → 위로할 줄 아는 **태도를 갖춰야 한다**

고득점 고급 어휘 ·-이/가 발현되다   ·-에 국한되다   ·긍고히 만들다   ·원동력이 되다

정답 및 해설

 p.128

51. 이 글은 지인에게 **감사의 뜻을 전하고 물건을 돌려줄 시간을 묻는 일상적 이메일 형식**의 글이다.

◆ 모범답안
㉠ 빌려 주셔서
㉡ 돌려드리면 되겠습니까

◆ 정답 작성 전략
번역 p.25

문제 풀이	㉠ 앞 문장에서 "지난번에 우산을 (　)고맙습니다."라고 하였다. 이를 통하여 상대방이 우산을 빌려준 상황임을 알 수 있다. 따라서 ㉠에는 '빌려주셔서'와 같이 감사의 의미 표현을 사용해야 한다.
	㉡ 뒤 문장에서 "시간을 말씀해 주시면 찾아가겠습니다."라고 하였으므로 우산을 다시 돌려줄 시간을 묻는 상황임을 알 수 있다. 따라서 ㉡에는 '돌려드리면 되겠습니까'를 사용하여 상대방의 편의를 정중하게 묻는 표현이 들어가는 것이 자연스럽다.

52. 이 글은 '**유통 기한**'과 '**소비 기한**'의 차이를 설명하는 **설명문**이다.

◆ 모범답안
㉠ 팔 수 없다
㉡ 먹을 수 있는

◆ 정답 작성 전략
번역 p.26

문제 풀이	㉠ 앞 문장에서 "이 날짜가 지나면 식품이 상하지 않더라도"라고 하였다. 따라서 유통 기한이 지난 뒤의 상황을 설명하는 '날짜가 지나면 팔 수 없다'는 의미가 자연스럽다.
	㉡ "음식을 아깝게 버리는 일을 줄일 수 있다"의 문장에서 소비 기한의 긍정적인 효과를 설명하고 있다는 것을 알 수 있다. '소비 기한'은 일정 기간까지 먹을 수 있다는 점을 강조하는 개념이기 때문에 '먹을 수 있는'을 사용하는 것이 좋다.

53. 이 문제는 **가정 간편식 매출 변화 그래프를 분석하고 원인과 향후 전망을 서술**하는 문제이다.

◐ 모범답안

	소	비	자	생	활	연	구	소	에	서		가	정		간	편	식		매	출		변	화	에
대	하	여		조	사	한		결	과	,	가	정		간	편	식		매	출	액	은		20	20
년		4.	3	조		원	에	서		20	25	년		8.	5	조		원	으	로		두		배
증	가	한		것	으	로		나	타	났	다	.	이	러	한		변	화	의		원	인	은	
첫	째	,	1	인		가	구	가		증	가	하	면	서		가	정		간	편	식		수	요
가		확	대	되	었	고		둘	째	,	외	식		물	가	가		급	등	하	여		집	밥
을		선	호	하	는		사	람	들	이		늘	어	났	기		때	문	이	다	.		앞	으	로
사	람	들	의		생	활		방	식	의		변	화	와		온	라	인	·	편	의	점		등
가	정		간	편	식		판	매		채	널	이		확	산	됨	에		따	라		가	정
간	편	식		매	출	은		지	속	적	으	로		증	가	할		것	으	로		예	상	된
다	.																							

◐ 정답 작성 전략

번역 p.27,28

<table>
<tr><td rowspan="3">문제
풀이</td><td>

1) 조사 기관과 조사 내용을 어떻게 제시합니까?

이 자료는 소비자생활연구소에서 가정 간편식 매출 변화에 대하여 조사한 결과이다. 그러므로, "소비자생활연구소에서 가정 간편식 매출 변화에 대하여 조사한 결과에 따르면~"과 같이 시작하는 것이 적절하다.

</td></tr>
<tr><td>

2) 매출액의 변화를 어떻게 설명합니까?

수치 변화는 연도와 금액을 함께 제시하여 구체적으로 설명해야 한다. 가정 간편식 매출액은 2020년 4.3조 원에서 2025년 8.5조 원으로 증가하였다. 이는 약 두 배 증가한 것이다. 매출액의 변화와 증가 폭을 함께 써야 한다.

</td></tr>
<tr><td>

3) 축약된 정보를 어떻게 자연스럽게 씁니까?

여기에는 원인과 결과가 아래와 같이 축약되어 있다.

> · 1인 가구 ↑ ➡ 가정 간편식 수요 확대
> · 외식 물가 급등 ➡ 집밥 선호↑

이러한 축약된 정보는 그대로 옮겨 쓰는 것보다 자연스럽게 풀어서 문장을 완성해야 한다.

</td></tr>
</table>

정답 및 해설

54. 이 문제는 **청소년 어휘력 저하의 배경과 문제점을 분석하고, 해결 방안을 제시**하는 문제 해결형 서술 문제이다.

◐ 모범답안

디지털 환경 속에서 스마트폰과 인터넷 사용이 확대되면서 청소년들의 생활 습관에 변화가 나타났다. 과거에는 책을 읽으며 **다양한 생각을 했지만** 요즘은 독서보다 비슷한 콘텐츠를 소비하면서 새로운 어휘를 배우는 데 한계가 생겨 청소년들의 어휘력 부족 문제가 발생하고 있다.

어휘력 부족은 여러 문제를 유발한다. 먼저 학습 능력이 떨어진다. 어휘력이 있어야 교과 내용을 정확히 이해할 수 있는데 어휘력이 부족하면 교과서 내용을 이해하기 어렵다. 다음으로 의사소통에 어려움이 생긴다. 구체적인 예를 들어 한 기업의 담당자가 신입 사원에게 "금일 회식이 있습니다."라고 전달했는데, 신입 사원은 금요일에 회식이 있다는 뜻으로 이해했다고 한다. 이처럼 어휘력 부족은 실제 소통 과정에서 **혼란을 가져올 수 있으며**, 나아가 사회생활에서 **신뢰를 잃게 된다.**

따라서 청소년의 어휘력 향상을 위해 청소년, 가정, 학교가 함께 노력해야 한다. 청소년은 독서를 습관화하고 새로운 어휘를 **꾸준히 배워야 한다.** 가정에서는 다양한 주제로 대화를 하면서 청소년이 새로운 어휘를 **경험하게 해야 한다.** 학교 측면에서는 고급 어휘를 사용한 글쓰기, 토론 수업을 통해 청소년이 학습한 어휘를 사용할 수 있는 **분위기를 만들어야 한다.** 이러한 노력이 뒷받침된다면 청소년의 어휘력 저하 문제를 해결할

| 수 | | 있 을 | | 뿐 | 만 | | 아 | 니 | 라 | | 사 | 회 | 에 | | 기 | 여 | 할 | | 수 | | 있 | 는 |
| 인 | 재 | 로 | | 발 | 전 | 할 | | 것 | 이 | 다 | . | | | | | | | | | | | |

700

● 정답 작성 전략 번역 p.29,30

문제 풀이	**1) 도입 – 디지털 환경 변화와 청소년 어휘 저하의 문제 제기** 도입에서는 디지털 환경의 확대라는 배경을 먼저 제시하고 그로 인해 청소년의 어휘력이 저하되었다는 문제를 자연스럽게 연결해야 한다. 스마트폰과 인터넷 사용 증가로 독서 시간이 줄어들었고, 그 결과 새로운 어휘를 접할 기회가 감소했다는 흐름을 제시하면 문제의 원인이 분명해진다. **2) 전개 – 어휘력 부족의 문제점** 전개에서는 어휘력 부족으로 나타나는 문제를 단계적으로 제시해야 한다. '먼저, 다음으로'와 같은 연결 표현을 사용하여 학습 능력 저하와 의사소통의 어려움을 순차적으로 설명하는 것이 좋다. 특히 '금일'을 '금요일'로 오해한 사례와 같이 구체적인 예시를 사용하는 것이 좋다. **3) 마무리 – 개인과 가정, 학교의 노력 제시** 마무리에서는 청소년, 가정, 학교의 역할을 구분하여 해결 방안을 제시해야 한다. 개인의 노력(독서 습관화), 가정의 노력(대화를 통한 어휘 사용 확대), 학교의 노력(글쓰기·토론 수업 강화)을 구조화하여 제시하면 체계적인 글을 완성할 수 있다. 마지막 문장에서는 "이러한 노력이 이루어진다면 문제를 해결할 수 있다"는 긍정적인 전망으로 마무리하는 것이 바람직하다.

📝 표현 한 단계 올리기

· 다양한 **생각을 했지만** → **사고의 폭을 넓혔**지만
· 혼란을 **가져올 수 있으며** → 혼란을 **야기할 수 있으며**
· 사회생활에서 신뢰를 **잃게 된다** → 사회생활에서 신뢰를 **상실하게 된다**
· 새로운 어휘를 꾸준히 **배워야 한다** → 새로운 어휘를 꾸준히 **학습해야 한다**
· 새로운 어휘를 **경험하게** 해야 한다 → 새로운 어휘를 **접할 수 있도록** 해야 한다
· 어휘를 사용할 수 있는 **분위기를 만들어야** 한다 → 어휘를 사용할 수 있는 **분위기를 조성해야** 한다

고득점 고급 어휘　　·사고의 폭을 넓히다　　·-을/를 야기하다　　·신뢰를 상실하다

정답 및 해설

p.130

51. 이 글은 축제에 다녀온 경험을 바탕으로 **자신의 생각을 전하고, 다른 사람에게 축제 참여를 권유하는 글**이다.

◆ **모범답안**

㉠ 많은 줄 몰랐습니다
㉡ 가시지 못한

◆ **정답 작성 전략**

번역 **p.31**

문제 풀이	㉠ "우리 고향에 맛있는 음식이 이렇게 …"라는 문장을 통하여 이 사람은 축제에 가기 전에 몰랐던 사실을 축제에 갔다 온 후에 깨달았다는 것을 알 수 있다. 'A/V–(으)ㄴ 줄 모르다'는 어떤 사실을 알지 못했음을 나타내는 문법이다.
	㉡ 아직 축제에 가지 않은 사람들을 대상으로 권유하는 상황이다. '가시다'는 '가다'의 경어 표현이며, '못하다'는 부정의 의미를 나타낸다. 이를 관형사형으로 만들면 '가시지 못한'이 되어 '아직 축제에 가지 못한 분들'이라는 의미가 완성된다.

52. 이 글은 **보자기의 특징과 장점을 설명하는 설명문**이다.

◆ **모범답안**

㉠ 도움이 된다고 말한다
㉡ 가지고 다니기 편리하다는

◆ **정답 작성 전략**

번역 **p.32**

문제 풀이	㉠ 전문가의 의견을 전달하는 간접 인용 표현이 들어가야 한다. '환경 보호에 도움이 된다'라는 문장을 인용하려면 '–다고 말한다' 형태로 바꾸어야 자연스럽다. 따라서 ㉠에는 '도움이 된다고 말한다'가 적절하다.
	㉡ "보자기는 가볍고 접기 쉬워서 (　) 장점이 있다." 여기서는 '보자기가 가지고 다니기 편리하다'라는 문장을 하나의 명사구로 바꾸어 '장점'을 설명해야 한다. 형용사나 서술문을 명사처럼 만들 때는 '–다는'을 사용한다.

53. 이 문제는 **세계 인구와 노인 인구의 변화 추이를 비교·분석**하고, 미래에 예상되는 사회적 문제와 그 해결 방안을 논리적으로 제시해야 한다.

◑ 모범답안

글로벌인구변화연구소의 조사에 따르면, 세계 인구는 1990년 55억 명에서 2023년 80억 명으로 증가한 반면에 노인 인구는 3.5억 명에서 8억 명으로 크게 늘어났다. 2100년에는 세계 인구가 104억 명에 달할 것으로 예상되며, 노인 인구는 25.5억 명으로 급격히 증가할 것으로 전망된다. 이처럼 노인 인구가 증가하면 노동력 인구는 감소하고, 의료 서비스 수요가 높아지는 문제가 발생할 것으로 보인다. 이러한 문제를 해결하기 위해서는 첫째, 노인 인구의 경제 활동 참여를 확대하고 둘째, 의료 시스템을 강화해야 한다.

◑ 정답 작성 전략

번역 p.33,34

문제 풀이	**1) 세계 인구와 노인 인구의 변화 추이를 어떻게 비교합니까?** 자료에 따르면 세계 평균 인구는 1990년 55억 명에서 2023년 80억 명으로 증가하였다. 같은 기간 노인 인구는 3.5억 명에서 8억 명으로 크게 늘어났다. 또한 2100년에는 세계 인구가 104억 명에 달할 것으로 예상되며, 노인 인구는 25.5억 명으로 급격히 증가할 것으로 전망된다. 즉, 전체 인구도 증가하지만 노인 인구의 증가 폭이 더욱 크다는 점이 핵심이다. **2) 예상되는 문제점을 어떻게 씁니까?** 노인 인구 증가로 인해 발생할 수 있는 문제를 구체적으로 제시해야 한다. 먼저 노인 인구가 늘어남에 따라 나타나는 문제점을 자연스럽게 연결하여 설명하는 것이 바람직하다. **3) 예상되는 문제점에 대한 해결 방안을 어떻게 씁니까?** 예상되는 문제점에 대한 해결 방안을 제시할 때는 'V-아/어야 하다'를 사용하는 것이 적절하다. 이 문법은 어떤 행동이나 방법의 필요성과 당위성을 강조하는 표현이므로 해결 방안을 제시하는 문맥에 잘 어울린다.

정답 및 해설

54. 이 문제는 **운동의 필요성을 설명하고, 운동을 하지 못하는 현실적 이유를 분석한 후에 사회적 지원 방안을 제시**하는 문제이다.

◆ 모범답안

　　현대 사회에서 운동은 우리에게 꼭 필요한 요소이다. 업무와 학업의 스트레스가 커질수록 신체적 정신적 건강의 중요성이 더욱 강조되기 때문이다. 또한 규칙적으로 운동을 하면 체력이 향상되고 면역력이 강화되어 질병을 예방할 수 있다. 또한 운동은 **스트레스를 줄이고** 마음의 안정을 주어 정신 건강에도 긍정적인 영향을 준다.

　　그러나 많은 사람들이 운동의 필요성을 알지만 규칙적인 운동을 실천하지 못한다. 바쁜 업무와 학업으로 시간을 내기 어렵고 피곤하기 때문에 운동을 미루게 된다. 게다가 집에서 스마트폰만 사용하면서 시간을 보내고 **운동을 귀찮아하는 경우도 많다.** 이럴 때 운동을 함께 할 수 있는 사람이나 동호회를 찾으면 도움이 되지만 같이 운동할 파트너를 구하는 것도 쉬운 일이 아니다. 더불어 체육 시설을 이용하려면 비용이 부담되거나 접근성이 떨어져 운동을 하기 어려운 현실적인 문제도 있다.

　　더 많은 사람들이 운동을 할 수 있도록 사회의 적극적인 지원이 필요하다. 첫째, 정부는 주거지 주변에 공원이나 체육 **시설을 많이 만들어** 누구나 쉽게 운동할 수 있는 환경을 조성해야 한다. 둘째, 직장과 학교에서는 체육 프로그램이나 스트레칭 프로그램을 도입해 **운동을 하게 도와 줘야 한다.** 나아가 바쁜 일상 속에서 잠시라도 운동을 할 수 있도록 운동 시간을 보장해야 한

다	.	이	러	한		노	력	이		뒷	받	침	된	다	면	,	현	대	인	들	은		건	강
을		유	지	하	고		더		즐	거	운		삶	을		살		수		있	다	.		

700

◆ 정답 작성 전략

번역 p.35,36

문제 풀이	**1) 도입 – 운동의 필요성 제시** 도입에서는 현대 사회의 스트레스 증가를 배경으로 제시한 후에 신체적·정신적 건강의 중요성이 강조되고 있음을 연결해야 한다. 업무와 학업으로 인한 스트레스가 커질수록 운동이 왜 필요한지 자연스럽게 설명하는 것이 좋다. 즉, 사회적 환경 → 건강의 중요성 → 운동의 필요성 순으로 전개하면 운동의 필요성을 분명하게 제시할 수 있다. **2) 전개 – 운동의 장점 제시와 운동을 하지 못하는 이유** 운동의 장점은 구체적으로 제시하는 것이 적절하다. 첫째, 체력이 향상된다는 점, 둘째, 면역력이 강화되어 질병을 예방할 수 있다는 점, 셋째, 마음이 안정되어 정신 건강에 도움이 된다는 점을 단계적으로 설명한다. 이때 '또한'과 같은 연결 표현을 활용하면 문장의 흐름이 자연스럽다. 운동의 필요성을 알면서도 실천하지 못하는 현실적인 이유를 제시해야 한다. 추상적인 설명보다 일상에서 직접 경험할 수 있는 이유를 제시하면 설득력이 높아진다. 예를 들어 바쁜 직장 생활과 학업, 스마트폰 사용 증가로 인한 여가 시간 감소를 언급하고, 운동 파트너 부족이나 시설 이용의 불편함과 비용 부담까지 덧붙이면 문제를 폭넓게 설명할 수 있다. **3) 마무리 – 사회적 지원 방안 제시** 마무리에서는 사회적 차원의 지원 방안을 구체적으로 제시해야 한다. 이때 가정에서의 노력에서 시작해 직장, 더 나아가 사회 전반으로 범위를 점차 확대하며 지원 방안을 제시하면 글의 구조가 더욱 체계적으로 보인다.

📝 표현 한 단계 올리기

- 스트레스를 줄이고 → 스트레스를 해소하고
- 운동을 귀찮아하는 경우도 많다 → 운동을 기피하는 경우도 많다
- 시설을 많이 만들어 → 시설을 확충하여
- 운동을 잘 하지 않는 경우도 있다 → 운동을 등한시하는 경우도 있다
- 운동을 하게 도와야 한다 → 운동을 권장해야 한다
- 더 즐거운 삶을 살 수 있다 → 더 만족스러운 삶을 누릴 수 있다

고득점 고급 어휘   ·-을/를 기피하다   ·-을/를 등한시하다   ·만족스러운 삶을 누리다

정답 및 해설

                                                            p.132

51. 이 글은 **온라인 쇼핑몰에 제품 교환을 요청하는 문의 이메일 형식의 실용문**이다.

◆ 모범답안

㉠ 깨져 있었습니다
㉡ 어떻게 해야 합니까

◆ 정답 작성 전략   번역 **p.37**

문제 풀이	㉠ 앞 문장에서 "오늘 받았습니다."라고 하였으므로 물건을 받은 뒤 확인한 상태를 설명하는 내용이 들어가야 한다. '깨지다'는 사물의 파손을 나타내는 동사이며, 'V-아/어 있다'는 과거에 발생한 동작의 결과 상태가 계속 유지되고 있음을 나타내는 문법이다.
	㉡ 제품 교환을 받기 위한 방법을 묻는 상황이다. '어떻게 해야 합니까?'와 같은 의문 표현을 사용하여 절차나 방법을 물어볼 수 있다.

52. 치아 구조와 **통증이 발생하는 원인을 설명하고 예방 방법을 제시하는 설명문**이다.

◆ 모범답안

㉠ 느껴지기 쉽다
㉡ 상하지 않도록

◆ 정답 작성 전략   번역 **p.38**

문제 풀이	㉠ 차가운 자극이 신경에 전달되면 통증이 쉽게 나타나는 상태를 설명하고 있다. 이때 경향성을 나타내는 표현이 필요하다. 'V-기 쉽다'는 어떤 조건이 갖추어졌을 때 특정한 결과가 비교적 자주 발생하는 경향이 있음을 나타낸다. 따라서 '통증이 느껴지기 쉽다'를 쓰는 것이 적절하다.
	㉡ 치아를 관리하는 목적을 나타내는 표현이 들어가야 한다. 'V-도록'은 어떤 상태가 되지 않게 하거나 특정한 목적을 나타낼 때 사용하는 문법이다. 따라서 ㉡에는 '상하지 않도록'이 들어가는 것이 적절하다.

53. 이 문제는 **무설탕 제품 매출 변화와 품목별 판매 비율을 분석하는 그래프 해석형** 서술 문제이다.

◐ 모범답안

식품산업연구원에서 '무설탕 제품 매출'에 대해 조사한 결과, 제품 매출액이 2018년 1,700억 원에서 2024년 9,500억 원으로 크게 증가하였다. 무설탕 제품 판매 비율을 살펴보면 탄산 음료가 45%로 1위를 차지하였고, 스낵 25%, 소주와 소스가 각각 15%로 그 뒤를 이었다. 이러한 변화의 원인은 첫째, 무설탕 제품이 다양화되면서 선택의 폭이 늘어났고, 소비자의 건강 의식이 변화하면서 무설탕 제품에 대한 선호도가 급증했기 때문인 것으로 보인다.

◐ 정답 작성 전략

번역 p.39,40

문제 풀이	**1) 매출의 급격한 변화를 어떻게 표현합니까?** 자료에 따르면 무설탕 제품 매출액은 2018년 1,700억 원에서 2024년 9,500억 원으로 크게 증가하였다. 이는 약 다섯 배 이상 증가한 것으로 무설탕 제품 시장이 급격히 증가했음을 보여 준다. 단순히 "증가하였다"라고 쓰기보다 증가 폭을 함께 제시하는 것이 좋다. **2) 품목별 판매 비율을 어떻게 정리합니까?** 품목별 판매 비율을 보면 탄산 음료가 45%로 가장 높은 비율을 차지하였다. 반면에 소주와 소스는 각각 15%로 가장 낮은 비율을 보였다. 모든 항목을 서술하는 것보다 가장 높은 품목과 가장 낮은 품목을 비교하여 특징을 제시하는 것이 효과적이다. **3) 축약된 원인과 결과를 어떻게 자연스럽게 연결합니까?** 문제에는 '제품 다양화 → 선택 폭 확대', '건강 의식 변화 → 선호도 증가'와 같이 원인과 결과가 축약되어 있다. 이러한 축약된 정보는 그대로 옮겨 쓰지 말고 문장으로 자연스럽게 풀어 서술해야 한다. 이때 'V-(으)면서', '-에 따라', 'V-(으)로 인해'와 같은 연결 표현을 사용하여 인과 관계를 분명히 드러내는 것이 중요하다. 또한 '선호도가 증가하였다'와 같이 동사와 어울리는 조사를 정확히 사용하여 문장을 완성해야 한다.

54. 이 문제는 **현대인의 생활 방식 변화를 바탕으로 혼자만의 시간과 사회적 관계의 균형에 대해 자신의 견해**를 논리적으로 서술하는 문제 해결형 서술 문제이다.

🔶 모범답안

　　현대 사회에서는 1인 가구가 증가하고 개인의 삶을 중시하는 분위기가 강해지면서 혼자만의 **시간을 중요하게 생각하는** 사람들이 많아졌다. 바쁜 일상 속에서 혼자 쉬거나 자신에게 집중하는 시간은 현대인에게 자연스러운 선택이 되었다. 그러나 이러한 변화 속에서 혼자만의 시간과 사회적 균형에 대해 다시 생각할 필요가 있다.

　　현대인들이 **혼자만의 시간을 가지려는** 가장 큰 이유는 스트레스를 줄이고 자기 관리를 하기 위해서이다. 혼자 있는 시간은 충분한 휴식을 가능하게 할 뿐만 아니라 자신의 감정과 생각을 정리하는 데 도움이 된다. 반면에 혼자 있는 **시간**이 지나치게 많아지면 외로움이나 고립감을 느낄 수 있다. 나아가 사회 전반에 걸쳐 소통과 **유대감이 약해진다.** 반대로 혼자만의 시간이 너무 적을 경우에는 타인의 **기대에 맞추느라** 피로가 쌓이고, 자신의 삶을 돌아볼 시간을 잃게 된다.

　　따라서 혼자만의 시간과 사회적 관계의 균형을 유지하는 것이 중요하다. 이를 위하여 혼자만의 시간을 가지는 동시에 가족이나 친구와 정기적으로 소통하려는 노력이 필요하다. 이런 방식은 마음의 안정을 돕고, 사람들과의 관계를 건강하게 유지하는 데 효과적이다. '사람은 사회적 동물'이라는 말이 있다. 혼자 있는 시간이 중요하다고 해도 사람은 관계 속에서 살아가는 존재이기 때문에 사회적 관계를 지속하려는 **노력이 반드시**

<table>
<tr><td>필</td><td>요</td><td>하</td><td>다</td><td>.</td><td></td><td></td><td></td><td></td><td></td><td></td><td></td><td></td><td></td><td></td><td></td><td></td><td></td><td></td><td></td></tr>
<tr><td></td><td></td><td></td><td></td><td></td><td></td><td></td><td></td><td></td><td></td><td></td><td></td><td></td><td></td><td></td><td></td><td></td><td></td><td></td><td></td></tr>
</table>

700

◆ 정답 작성 전략

번역 p.41,42

문제 풀이	**1) 도입 – 사회적 변화 제시 후 문제 제기** 도입에서는 바쁜 일상 속에서 혼자만의 시간이 자연스러운 선택이 되었다는 점을 언급한 후에 이러한 변화 속에서 사회적 관계와의 균형을 고민할 필요가 있음을 문제로 제기한다. 즉, 사회적 배경 → 혼자만의 시간의 긍정적 의미 → 균형의 필요성 제시 순으로 전개하면 도입이 자연스럽다.
	2) 전개 – 혼자 있는 시간이 너무 많거나 적을 때의 문제 분석 전개에서는 혼자 있는 시간이 지나치게 많을 때와 부족할 때의 문제를 대비하여 설명하는 것이 효과적이다. 먼저 혼자 있는 시간이 너무 많으면 인간관계가 약해지고 외로움이나 고립감을 느낄 수 있음을 제시한다. 나아가 사회 전반의 소통과 유대감 약화로 확장하면 주장을 강화할 수 있다. 반대로 혼자만의 시간이 지나치게 적으면 타인의 기대에 맞추느라 피로가 누적되고 자기 성찰의 기회를 잃게 된다는 점을 설명하여 균형의 중요성을 강조해야 한다.
	3) 마무리 – 해결 방안 제시, 관용 표현 활용 마무리에서는 개인 측면의 노력에서 시작해서 사회적 측면으로 범위를 확장하는 것이 좋다. 개인은 일정한 혼자만의 시간을 가지는 동시에 더 나아가 사회적으로도 건강한 소통 문화를 조성하려는 노력이 필요하다는 점을 덧붙이면 글이 확장된다. 또한 '사람은 사회적 동물이다'와 같은 관용적 표현을 활용하여 인간은 관계 속에서 살아가는 존재임을 강조하면 글의 메시지가 더욱 분명해진다.

✍ 표현 한 단계 올리기

· 시간을 중요하게 **생각하는** → 중요하게 **여기는**
· 혼자 만의 시간을 **가지려는** → 혼자 만의 시간을 **확보하려는**
· 유대감이 **약해진다** → 유대 관계가 **소홀해진다**
· 기대에 **맞추느라고** → 기대에 **부응하느라고**
· 노력이 **반드시 필요하다** → 노력을 **간과해서는 안 된다**

고득점 고급 어휘　　·-을/를 확보하다　　·-이/가 소홀해지다　　·-에 부응하다　　·-을/를 간과하다

정답 및 해설

p.134

51. 이 글은 **아파트 입주민을 대상으로 협조를 요청하는 공지문** 형식의 글이다.

● 모범답안

㉠ 치우시기 바랍니다
㉡ 시작된 후에

● 정답 작성 전략

번역 p.43

문제 풀이	㉠ 공사를 위해 필요한 행동을 요청하는 표현이 들어가야 한다. 공지문에서는 명령형(치우십시오)보다는 정중한 요청 표현인 'V-(으)시기 바랍니다'를 사용하는 것이 일반적이다.
	㉡ 뒤 문장에서 "복도에 남아 있는 물건들은 임의로 처리하겠습니다."라고 하였으므로 공사가 시작된 후의 상황을 설명하는 시간 표현이 들어가야 한다. 'V-(으)ㄴ 후에'는 어떤 일이 발생한 뒤의 시점을 나타내는 표현이다.

52. 이 글은 **감정 변화에 따른 신체 반응 과정을 설명하는 설명문**이다.

● 모범답안

㉠ 보내게 된다
㉡ 외부로 나타나는

● 정답 작성 전략

번역 p.44

문제 풀이	㉠ 앞 문장에서 "산소를 더 많이 공급하기 위해"라고 하였으므로 그 목적에 따라 나타나는 신체 반응이 이어져야 한다. 산소 공급을 위해 혈액이 피부 쪽으로 이동하는 과정이 설명되어야 한다. 'V-게 되다'는 어떤 원인이나 과정에 의해 자연스럽게 새로운 상태가 형성됨을 나타낸다.
	㉡ 빈칸에는 '과정'을 수식하는 관형사형 표현이 들어가야 한다. 얼굴이 붉어지는 현상은 감정이 단순히 마음속에 머무는 것이 아니라 밖으로 드러나는 현상이라는 의미이다. '나타나다'의 관형사형은 '나타나는'을 사용하면 된다.

53. 이 문제는 **학령인구 수의 변화 추이를 분석하고, 그에 따른 사회적 문제와 해결 방안을 제시**하는 통합형 서술 문제이다.

◉ 모범답안

한국교육개발원에서는 '학령인구 수 변화'에 대하여 조사한 결과, 학령인구는 1990년 1,400만 명에서 2022년 850만 명으로 감소하였고, 2050년에는 약 50% 줄어든 450만 명에 그칠 것으로 예상되었다. 이처럼 학령인구가 감소하면 교육 분야에서는 학교 통폐합 및 폐교가 증가하여 교육 인프라의 위축을 가져오고, 지역 분야에서는 인구 유출의 증가로 지역 소멸 위기가 발생할 것으로 보인다. 이런 문제를 해결하기 위해서는 교육 분야에서는 특성화된 교육 과정을 도입해야 하고, 지역 분야에서는 주거 및 교육 환경을 개선해야 한다.

◉ 정답 작성 전략

번역 p.45,46

문제 풀이	**1) 과거-현재-미래의 수치 변화를 어떻게 씁니까?** 자료에 따르면 학령인구는 1990년 1,400만 명에서 2022년 850만 명으로 감소하였다. 따라서 답안에서는 과거와 현재의 수치를 비교하여 감소 추세를 먼저 제시해야 한다. 이어서 2050년에는 450만 명으로 더 감소할 것으로 예상된다는 점을 덧붙여 미래 전망까지 함께 정리한다. **2) 그래프의 감소 변화를 어떻게 표현합니까?** 그래프의 감소 변화는 연도와 수치를 함께 제시하여 구체적으로 설명해야 한다. 학령인구는 1990년 1,400만 명에서 2022년 850만 명으로 감소하였다. 이는 장기적으로 학령인구가 지속적으로 줄어들고 있음을 보여 준다. **3) 감소의 심각성을 어떻게 강조합니까?** 2050년 학령인구는 450만 명으로 예상된다. 이 수치는 '매우 낮음'을 나타내고 있으므로 '-에 그치다'를 사용하는 것이 좋다. '-에 그치다'는 수치가 매우 낮거나 기대에 미치지 못하는 수준임을 나타낼 때 사용하는 표현으로 감소의 심각성을 강조하는 데 적절하다.

정답 및 해설

54. 이 문제는 **공공장소에서 지켜야 할 예의의 필요성을 설명하고, 문제 행동의 사례와 해결 방안을 제시하**도록 하는 문제 해결형 서술 문제이다.

◆ 모범답안

공공장소는 많은 사람들이 함께 사용하는 공간이기 때문에 개인의 행동이 다른 사람에게 직접적인 영향을 미친다. 지하철, 버스, 병원, 도서관 같은 공공장소에서는 서로에 대한 배려와 기본적인 예의가 특히 중요하다. 그러나 일부 사람들의 무분별한 행동으로 인해 불편을 겪는 경우도 적지 않다.

공공장소에서 예의가 필요한 가장 큰 이유는 다양한 사람들이 같은 공간을 이용하기 때문이다. 나이, 성격, 생활 방식이 다른 사람들과 함께 하는 만큼 자신의 행동이 타인에게 불편을 줄 수 있다는 점을 항상 고려해야 한다. 예를 들면 큰 소리로 통화하거나 음악을 크게 틀어 놓는 행동, 쓰레기를 아무 곳에나 버리는 행동은 주변 사람들에게 불쾌감을 줄 수 있다. 또한 새치기를 하거나 공공시설을 혼자 사용하려는 행동도 문제가 된다. 이러한 행동이 반복되면 공공장소의 질서가 붕괴되고 사회 전반의 신뢰도 약해질 수 있다.

이러한 문제를 줄이기 위해서는 개인과 사회 측면에서 모두 노력해야 한다. 개인은 공공장소에서 자신의 행동을 한 번 더 돌아보고, 타인을 배려하는 태도를 가져야 한다. 게다가 공공장소가 나만의 장소가 아니라 모두의 공간이라는 점을 항상 인식할 필요가 있다. 그뿐만 아니라 학교와 가정에서는 공공예절 교육을 강화하고, 나아가 사회 측면에서는 캠페인이나 안내를 통하여 올바른

<table>
<tr><td>공</td><td>공</td><td>예</td><td>절</td><td>과</td><td></td><td>문</td><td>화</td><td>를</td><td></td><td>조</td><td>성</td><td>해</td><td></td><td>가</td><td>야</td><td></td><td>한</td><td>다</td><td>.</td><td></td><td></td><td></td><td></td></tr>
<tr><td></td><td></td><td></td><td></td><td></td><td></td><td></td><td></td><td></td><td></td><td></td><td></td><td></td><td></td><td></td><td></td><td></td><td></td><td></td><td></td><td></td><td></td><td></td><td></td></tr>
</table>

700

● 정답 작성 전략

번역 p.47,48

문제 풀이	**1) 도입 – 사회적 특징 제시 후 문제 제기** 도입에서는 공공장소가 많은 사람들이 함께 사용하는 공간이라는 사회적 특징을 먼저 제시해야 한다. 공공성의 의미 → 공동 이용의 특성 → 문제 상황 제시 순으로 전개를 작성해야 한다. **2) 전개 – 문제가 되는 행동의 사례와 영향** 문제가 되는 행동은 구체적인 사례를 들어 제시하는 것이 효과적이다. 예를 들어 큰 소리로 통화하기, 음악을 크게 틀기, 쓰레기를 함부로 버리기, 새치기하거나 공공시설을 독점하려는 행동 등을 제시할 수 있다. 이러한 행동이 반복되면 공공장소의 질서가 무너지고 사회 전반의 신뢰가 약화된다는 점까지 설명하면 주장을 강화할 수 있다. **3) 마무리 – 해결 방안 제시** 마무리에서는 문제를 해결하기 위한 방안을 개인과 사회의 측면으로 나누어 제시하는 것이 바람직하다. 먼저 개인은 공공장소에서 자신의 행동이 타인에게 어떤 영향을 미치는지 한 번 더 생각하고, 타인을 배려하는 태도를 가져야 한다. 또한 공공장소가 개인의 공간이 아니라 모두가 함께 사용하는 공간임을 인식하는 자세가 필요하다. 더 나아가 사회적으로는 학교와 가정에서 공공예절 교육을 강화하고, 캠페인과 안내를 통해 올바른 공공문화가 정착되도록 노력해야 한다.

📝 표현 한 단계 올리기

· 사람들이 **함께** 사용하는 공간 → 사람들이 **공동으로** 사용하는 공간
· 불편을 **겪는** 경우도 → 불편을 **호소하는** 경우도
· **혼자 사용하려는** 행동도 → **독차지하려는** 행동도
· 혼자 사용하려는 행동도 **문제가 된다** → 혼자 사용하려는 행동도 **문제로 지적된다**
· 자신의 행동을 **한 번 더 돌아보고** → 자신의 행동을 **성찰하고**

고득점 고급 어휘 ··-을/를 호소하다   ··-을/를 독차지하다   ··-을/를 성찰하다

정답 및 해설

p.136

51. 이 글은 **행사 참석을 신청하는 상황에서 적절한 인용 표현과 경어 표현을 사용하도록 요구**하는 실용문이다.

○ 모범답안

㉠ 북토크가 열린다는
㉡ 뵙고 싶습니다

○ 정답 작성 전략

번역 p.49

문제 풀이	㉠ '들었다'의 목적어가 되는 간접 인용절이 와야 한다. 'A/V-(으)ㄴ/는다는' 문법은 어떤 사실이나 정보를 전달받았음을 나타내는 인용 표현이다. 따라서 학교 근처에서 '북토크가 열린다는 소식을 들었습니다'가 적절하다.
	㉡ '작가님'을 직접 만나는 상황이므로 경어 표현이 필요하다. '만나다'의 경어 표현은 '뵙다'이며, 신청 메일 형식이므로 'V-고 싶습니다'를 사용해야 한다.

52. 이 글은 '데자뷰 현상'의 원인을 설명한 과학적 글로, **문맥에 맞는 비유 표현과 인용 표현을 요구하는 설명문**이다.

○ 모범답안

㉠ 경험한 것처럼
㉡ 착각이라고 말한다

○ 정답 작성 전략

번역 p.50

문제 풀이	㉠ 사실은 경험하지 않았지만 경험한 것과 비슷하게 느끼는 상황을 나타내야 한다. 'A/V-(으)ㄴ/는 것처럼'은 실제와 다르지만 비슷하게 보이거나 느껴짐을 나타내는 표현이다.
	㉡ "뇌과학자들은 …"이라는 표현을 통해 전문가의 견해를 인용하는 문장이 이어져야 함을 알 수 있다. '착각'은 명사이므로 명사를 인용할 때 사용하는 문법인 'N(이)라고 말하다'를 사용하는 것이 적절하다.

53. 이 문제는 **반려동물 가구 수의 변화와 종류별 비중을 분석하여 특징과 원인을 설명**하는 그래프 해석형 서술 문제이다.

◆ 모범답안

반려동물 가구 수 변화와 현황에 대해 조사한 결과, 반려동물 가구 수는 2015년 100만 가구에서 2020년 350만 가구로 크게 증가하였으며, 2025년에는 650만 가구에 도달한 것으로 나타났다. 이를 통해 반려동물 가구 수가 10년 전보다 급격히 증가한 것을 알 수 있다. 반려동물의 종류를 살펴보면, 강아지가 전체의 70%로 가장 큰 비중을 차지하였고, 고양이 20%, 물고기 7%로 그 뒤를 이었다. 이처럼 반려동물 가구 수가 증가한 원인은 미디어와 SNS를 통하여 반려동물에 대한 호감도가 높아졌기 때문이다. 앞으로 반려동물 가구 수는 계속 증가할 것으로 보인다.

◆ 정답 작성 전략

번역 p.51,52

문제 풀이	
1) 급격한 변화를 어떻게 표현합니까?	수치 변화는 시작 시점과 마지막 시점을 비교하여 증가 폭을 분명히 제시해야 한다. 그래프에서 반려동물 가구 수는 2015년 100만 가구에서 2025년 650만 가구로 크게 증가하였다. 이는 10년 사이에 약 6.5배 증가한 것으로 급격한 증가 추세를 보였다고 쓰는 것이 적절하다.
2) 일정한 수치나 목표 수준을 어떻게 표현합니까?	그래프에서 수치가 일정 수준까지 상승했을 때 '-에 도달하다' 표현을 사용하는 것이 좋다. '-에 도달하다'는 일정한 수치나 목표 수준을 달성했을 때 자주 사용된다.
3) 반려동물의 종류와 비중을 어떻게 정리합니까?	비율 정보는 가장 높은 항목부터 제시하는 것이 자연스럽다. 강아지가 전체의 70%로 가장 큰 비중을 차지하였고, 고양이가 20%로 그 뒤를 이었다. 다음으로 물고기 7%, 기타 동물 3% 순으로 나타났다. 써야 할 내용이 많을 경우, 모든 항목을 나열하기보다 '가장 높은 비율'과 '그 다음 순위'를 중심으로 정리하는 것이 효과적이다.

정답 및 해설

54. 이 문제는 **최근 증가하고 있는 모방 소비 현상을 분석하고 그 문제점과 바람직한 소비 태도를 제시하는** 문제 해결형 서술 문제이다.

◐ 모범답안

　　최근에는 요즘 유행하는 것을 그대로 따라하는 모방 소비 현상이 점점 늘어나고 있다. SNS와 영상 플랫폼을 통하여 인기 제품이나 음식이 빠르게 확산되면서 많은 사람들이 유행을 놓치지 않기 위해 같은 소비를 반복하는 모습을 보인다. 가령, 유명 카페나 빵집의 신메뉴가 소개되면 몇 시간씩 줄을 서서 구매하는 장면을 쉽게 볼 수 있다.

　　모방소비가 나타나게 된 배경으로는 SNS의 영향이 가장 크다. 사람들은 인플루언서나 주변 사람들이 사용하는 물건을 보며 이를 따라 사고 싶어하고, 그 과정에서 만족감을 느낀다. 또한 한정판 운동화나 유행 음식을 보고 '지금 소비하지 않으면 **유행에 소외된다.**'는 불안감도 모방 소비를 늘리는 요인으로 작용한다. 그러나 이러한 소비는 필요하지 않은 물건을 구매하게 만들고, 실제로 유행이 지나면 사용하지 못한 채 **골칫거리로 남는다.**

　　모방 소비를 줄이기 위해서 유행보다는 자신의 필요와 상황을 먼저 고려하는 것이 필요하다. 구매 전에 정말 필요한지 한 번 더 생각해 보는 태도가 중요하다. 또한 주변의 소비 흐름을 그대로 따라가기보다 합리적인 선택을 하려고 노력해야 한다. 나아가 우리 사회 역시 유행만을 중시하는 **소비 문화에서 벗어나,** 보다 건강하고 바**람직한 소비 문화를 만드는 데 동참해야 할 것**

<table>
<tr><td>이</td><td>다</td><td>.</td><td></td><td></td><td></td><td></td><td></td><td></td><td></td><td></td><td></td><td></td><td></td><td></td><td></td><td></td><td></td><td></td><td></td></tr>
<tr><td></td><td></td><td></td><td></td><td></td><td></td><td></td><td></td><td></td><td></td><td></td><td></td><td></td><td></td><td></td><td></td><td></td><td></td><td></td><td></td></tr>
</table>

700

🔶 정답 작성 전략 번역 p.53,54

문제 풀이	**1) 도입 – 모방 소비 문제 제기** 최근 모방 소비 현상이 증가하고 있는 사회적 흐름을 먼저 제시해야 한다. SNS와 영상 플랫폼을 통해 유행이 빠르게 확산되고 있으며, 많은 사람들이 이를 그대로 따라 소비하는 모습을 언급하면 문제 상황이 분명해진다. **2) 전개 – 모방 소비가 나타난 배경과 문제점** 전개에서는 모방 소비의 원인을 논리적으로 설명해야 한다. SNS의 영향과 인플루언서의 소비 행동이 사람들의 구매 욕구를 자극한다는 점을 제시하는 것이 좋다. 모방 소비의 문제점을 실제 생활과 연결하여 설명하는 것이 효과적이다. 필요하지 않은 물건을 구매하게 되고, 유행이 지나면 사용하지 못한 채 남게 된다는 점을 제시해야 한다. 이는 경제적 낭비로 이어질 뿐 아니라 소비 습관에도 부정적인 영향을 미칠 수 있음을 강조한다. **3) 마무리 – 해결 방안 제시** 개인과 사회의 노력을 함께 서술한다. 개인은 유행보다 자신의 필요와 상황을 먼저 고려하고 구매 전에 다시 한 번 생각하는 태도를 가져야 한다. 사회적으로는 유행만을 강조하는 소비 문화에서 벗어나 합리적인 소비 문화를 조성하려는 노력이 필요하다. 이러한 방향으로 마무리하면 문제 제기에서 해결 방안까지 논리적으로 연결할 수 있다.

📝 표현 한 단계 올리기

- 유행에 **소외된다** → 유행에 **뒤처진다**
- 골칫거리로 **남는다** → 골칫거리로 **전락한다**
- 소비 문화에서 **벗어나** → 소비 문화를 **지양하고**
- 건강하고 **바람직한** 소비 문화를 → 건강하고 **성숙한** 소비 문화를
- 문화를 만드는 데 **동참해야** 할 것이다 → 문화를 만드는데 **힘을 보태야** 할 것이다

고득점 고급 어휘　　·골칫거리　　·-(으)로 전락하다　　·-을/를 지양하다　　·힘을 보태다

1. 초단시간 근로자 증가

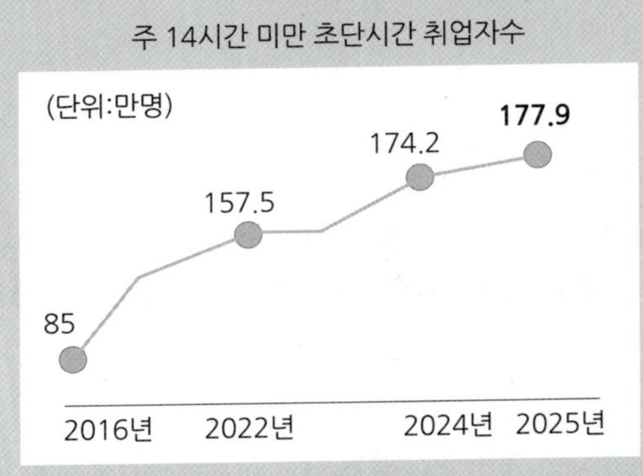

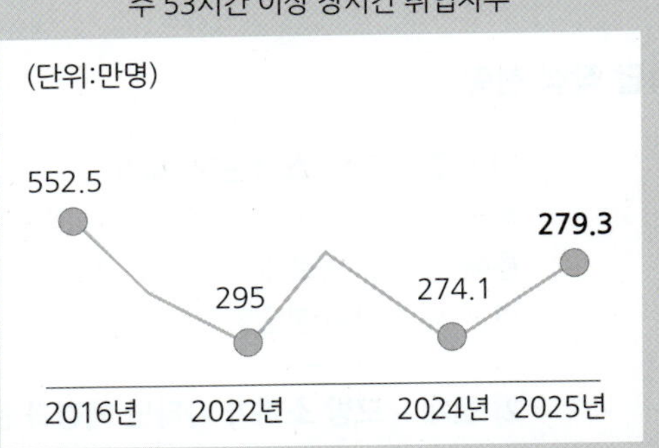

국가데이터처 조사에 따르면 근로시간 규제와 인건비 상승 등으로 주 15시간 미만 일하는 '초단기 근로자'가 빠른 속도로 늘고 있다. 2025년 기준 초단기 취업자 수는 177만 9000명으로 전년 대비 2.1% 증가했으며, 전체 취업자의 6.2%를 차지해 역대 최고치를 기록했다. 이는 2016년과 비교했을 때 두 배 가까이 증가한 수치이다. 반면에 주 53시간 일하는 '장시간 취업자'수는 점점 줄어늘고 있다. **2016년 552만 5000명에서 2025년 279만3000명**으로 절반 수준으로 감소했다. **초단기 근로자가 급증한 원인은 주 52시간제 시행과 최저임금 인상으로 인하여 기업의 인건비 부담이 증가하였고,** 기업들의 유연한 인력 **활용 방식이 확대되었기 때문이다.** 이러한 추세가 지속된다면 노동시장 구조 변화에 따라 **초단시간 근로자는 계속 늘어날 것으로 예상된다.**

 **생각해 보기**

Q1) 2016년과 2025년을 비교했을 때, 초단기 취업자 수와 장시간 취업자 수는 각각 어떻게 변화했습니까?

Q2) 초단기 근로자가 증가한 주요 원인 두 가지는 무엇입니까?

Q3) 초단기 근로자가 증가하면 우리 사회에 어떤 영향을 미칠지 생각해 봅시다.

2. 혼자 여가 활동 비율 증가

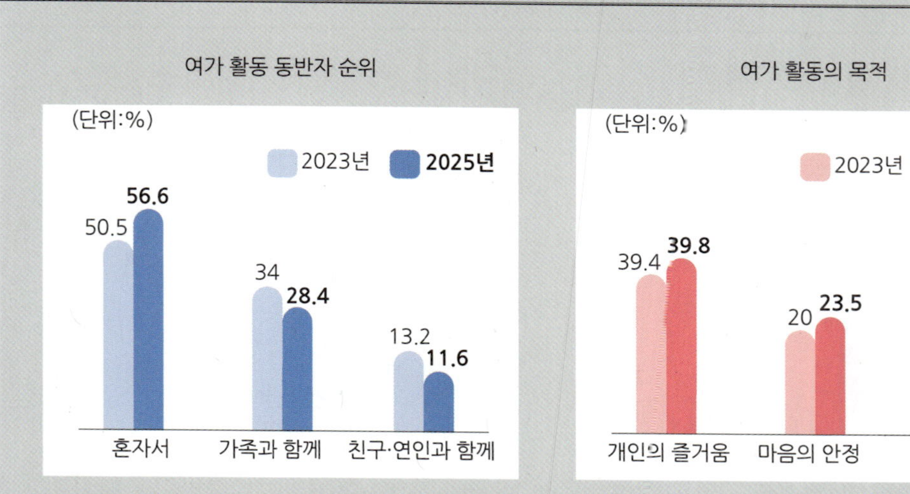

    문화체육관광부에서 '국민여가 활동'에 대하여 조사하였다. 국민여가활동 전반에서 지속적으로 참여하는 여가 활동이 있다고 대답한 비율은 43.2%로 작년보다 4.7 증가했다. **여가 활동의 동반자로는 혼자가 56.6%로 2023년 50.5%보다 증가한 것으로 나타났다. 가족과 함께한다는 응답은 28.4%, 친구·연인 함께한다는 응답은 11.6%로 2023년 대비 모두 하락했다.** 이는 여가 활동에 대한 개인 중심 선호가 확대되고 있음을 보여준다. **여가 활동 목적은 개인의 즐거움이 39.8%로 2023년에 이어 여전히 가장 높았으며, 마음의 안정을 위한 목적이 23.5%, 건강 목적이 13.5%로 그 뒤를 이었다.** 특히, 건강 목적으로 여가 활동을 한다는 응답이 2023년 대비 약 1.5배 증가하여 꾸준한 상승세를 보였다. **이러한 추세가 이어질 경우, 개인 중심의 여가 활동은 앞으로도 더욱 확대될 전망이다.** 이에 따라 혼자 즐길 수 있는 여가·문화 콘텐츠와 건강 관련 프로그램에 대한 수요도 함께 증가할 것으로 보인다.

💡 생각해 보기

Q1) 최근 여가 활동에서 '혼자 하는 활동'이 늘어난 이유는 무엇이라고 생각합니까?

Q2) 여가 활동 목적 중 건강을 위한 활동이 증가한 배경은 무엇이라고 생각합니까?

Q3) 이러한 여가 활동 변화가 앞으로 여가 · 문화 산업에 어떤 영향을 미칠지 생각해 봅시다.

3. 건강 관리 앱 이용자 수 증가

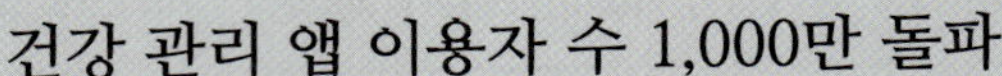

건강 관리 앱 이용자 수 1,000만 돌파

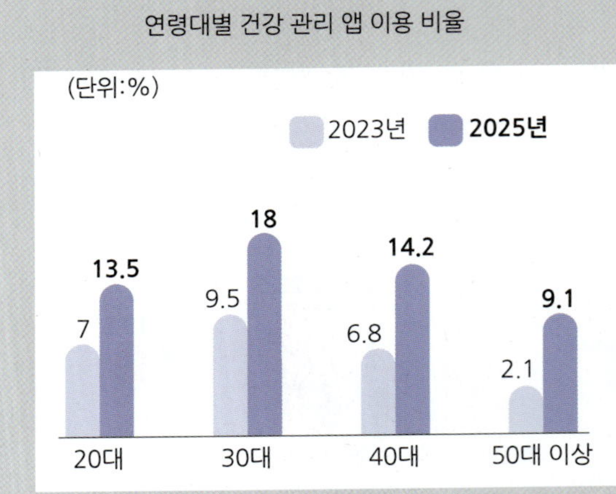

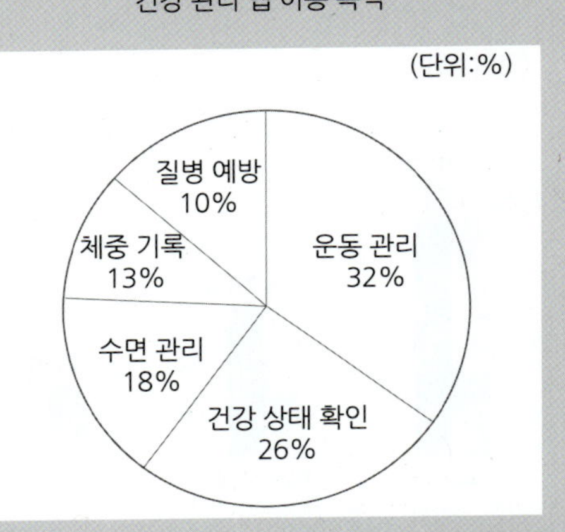

한국보건산업진흥원에서 건강 관리 앱 이용자 수에 대하여 조사한 결과, **최근 건강 관리 앱 이용 비율은 전 연령대에서 증가한 것으로 나타났다.** 특히 50대 이상 이용 비율은 2020년 2.1%에서 2025년 9.1%로 **크게 상승해 가장 급격한 증가세를 보였다.** 이는 건강에 대한 관심 확대와 스마트 기기 보급의 영향으로 분석된다. **이용 목적은 운동 관리와 건강 상태 확인이 가장 큰 비중을 차지했으며,** 수면 관리와 식습관 기록이 그 뒤를 이었다. 이러한 변화는 디지털 기술을 활용한 개인 건강 관리가 일상화되고 있음을 보여 준다. 앞으로 고령화와 예방 중심 건강 관리 수요가 늘어나면서 **건강 관리 앱 이용은 더욱 확대될 것으로 전망된다.** 이에 따라 관련 산업과 서비스 시장도 함께 성장할 가능성이 크다. 또한 **고령층을 고려한 맞춤형 건강 관리 서비스의 중요성도 더욱 커질 것으로 보인다.**

 **생각해 보기**

Q1) 이 글에서 가장 크게 증가한 연령대는 어느 연령대입니까?

Q2) 사람들은 주로 어떤 목적으로 건강 관리 앱을 사용하고 있습니까?

Q3) 앞으로 건강 관리 앱 이용이 늘어나면 우리 생활에는 어떤 변화가 있을지 생각해 봅시다.

4. 조용한 퇴사

지금 난 조용한 퇴사 중 "51.7%"

    최근 직장 문화에서 '**조용한 퇴사(Quiet quitting)**'가 하나의 현상으로 자리 잡고 있다. **조용한 퇴사는 실제로 회사를 그만두는 것이 아니라, 주어진 업무만 수행하고 그 이상은 하지 않겠다는 태도**를 뜻한다. 이는 일을 대충 하겠다는 의미가 아니라, 자신이 회사의 주인이 아니라는 현실을 받아들인 결과로 볼 수 있다. 이러한 상황에서 권한은 없고 책임만 주어지는 환경이 지속되면 직원들은 스스로를 단순히 노동력을 제공하는 사람으로 인식하기 쉽다.

    하지만 **이러한 태도가 확산되면 여러 가지 문제점이 나타난다.** 이런 분위기가 계속되면 **직원들 사이의 신뢰와 협력이 약해질 수 있다.** 서로 책임을 피하려는 태도가 늘어나면서 팀워크와 업무 효율도 떨어지기 쉽다. 또한 많은 사람이 하루 중 대부분의 시간을 직장에서 보내는 만큼 **보람 없이 억지로 일하는 상태가 계속되면 개인은 쉽게 무기력해진다. 나아가 조직 역시 구성원의 적극성과 성장 동력을 잃게 된다.**

    조용한 퇴사를 줄이기 위해서는 직원이 자신의 일을 의미 있게 느낄 수 있는 환경을 만드는 것이 중요하다. 업무 목표를 정하는 과정에 직원을 적극적으로 참여시키고, 일하는 방식에 자율성을 주며, 의견이 실제 결정에 반영되는 경험을 제공해야 한다. 여기에 공정한 평가와 성과에 대한 적절한 보상도 필요하다. 조용한 퇴사는 개인의 태도와 선택과도 관련이 있지만 조직의 구조와 문화 역시 영향을 주기 때문에 개인과 조직 모두의 역할을 다시 생각해 볼 필요가 있다

 **생각해 보기**

Q1) '조용한 퇴사'란 무엇입니까?

Q2) 이 글에서 조용한 퇴사가 개인과 조직에 어떤 문제를 가져온다고 말하고 있습니까?

Q3) 조용한 퇴사를 줄이기 위해 가장 중요한 것은 무엇인지 생각해 봅시다.

5. 불안과 번아웃

불안한 미래, '청년 번아웃' 키운다

　최근 조사 결과, 많은 청년이 불안과 함께 번아웃을 경험하고 있는 것으로 나타났다. **번아웃은 어떤 일에 몰두하던 사람이 과도한 스트레스와 피로로 인해 의욕을 잃고 무기력해지는 상태를 말한다.** 특히 업무, 학업, 취업 준비 과정에서 이러한 증상을 느끼는 청년이 적지 않다.

　불안과 번아웃을 겪는 청년들은 일상생활에서도 여러 변화를 경험한다. 집중력이 떨어져 해야 할 일을 미루게 되거나 사소한 일에도 쉽게 짜증을 느끼는 경우가 많다. 또한 충분히 쉬어도 피로가 해소되지 않고, 잠들기 어렵거나 자주 깨는 등 **수면 문제를 겪기도 한다.** 이처럼 심리적 부담은 감정뿐 아니라 신체 상태와 생활 리듬에도 영향을 미친다. 지난해 업무·학업·취업 준비 등으로 번아웃을 경험했다고 응답한 청년은 이전보다 비율은 다소 줄었지만 여전히 많은 청년이 심리적 부담을 느끼고 있는 상황인 것으로 나타났다. **청년들이 번아웃을 겪는 가장 큰 이유로는 진로 및 미래에 대한 불안이 꼽혔다. 취업이 늦어지거나 미래 계획이 불확실하다고 느낄수록 스트레스가 커지는 경향을 보였다.**

　전문가들은 청년 번아웃이 개인의 나약함 때문이 아니라 경쟁적인 사회 환경과 불확실한 미래에서 발생하는 문제라고 설명한다. **동시에 번아웃을 예방하기 위해 개인의 노력도 중요하다고 강조한다.** 충분한 휴식 시간을 확보하고, 자신의 한계를 인식하며, 일과 삶의 균형을 유지하려는 태도가 필요하다는 것이다. **작은 목표를 세워 성취감을 느끼고, 주변 사람들과 고민을 나누는 것도 불안과 번아웃을 줄이는 데 도움이 될 수 있다.**

 **생각해 보기**

Q1) 이 글에서 청년들이 불안과 번아웃을 느끼는 이유는 무엇입니까?

Q2) 불안이나 번아웃을 줄이기 위해 어떤 노력이 필요합니까?

Q3) 불안하거나 번아웃을 겪는 친구에게 어떤 말을 해 줄 수 있을지 생각해 봅시다.

6. 제로 웨이스트

    일회용 포장재 사용을 줄이기 위한 제로 웨이스트 실천이 일상 소비 영역으로 확산되고 있다. 무포장 매장과 리필 판매 방식이 생활용품을 중심으로 도입되면서 환경 부담을 줄이기 위한 새로운 소비 방식으로 주목받고 있다.

    이러한 제로 웨이스트 소비가 등장한 배경에는 급증하는 생활 쓰레기와 환경 오염 문제가 있다. 편리함을 중시하는 소비 문화로 일회용 포장재 사용이 늘어나면서 처리되지 못한 쓰레기가 환경에 지속적인 부담을 주고 있다. 특히 플라스틱 폐기물은 분해에 오랜 시간이 걸려 토양과 해양 오염의 원인으로 지적된다. 이로 인해 제로 웨이스트 실천의 필요성도 커지고 있다. 쓰레기 발생을 줄이고 자원을 반복해 사용하는 방식은 환경 오염을 줄이는 동시에 한정된 자원을 효율적으로 활용할 수 있는 대안으로 평가된다. 또한 불필요한 낭비를 줄이려는 인식이 확산되면서 환경 보호를 개인의 실천 영역으로 확장시키는 역할을 한다.

    제로 웨이스트 소비는 우리 생활과 환경에 긍정적 영향을 준다. 일회용 포장재 사용이 줄어들면서 생활 쓰레기 배출량과 환경 오염이 함께 감소하고, 리필과 재사용이 일상화되면 자원 활용 효율과 폐기물 처리 비용 절감에도 도움이 된다. 더 나아가 소비자가 자신의 소비 과정을 돌아보며 환경 보호를 실천하는 인식 변화도 나타난다.

 **생각해 보기**

Q1) '제로 웨이스트'소비란 무엇입니까?

Q2) 무포장ㆍ리필 매장을 이용할 때의 장점과 긍정적 영향은 무엇입니까?

Q3) 일상생활에서 제로 웨이스트를 어떻게 실천할 수 있는지 생각해 봅시다.

7. 청소년 AI 윤리 교육

정부, 안전한 AI와 청소년 보호 앞장선다

　요즘 **인공지능(AI)은 청소년들의 학습과 일상에서 중요한 도구로 자리 잡고 있다.** 약 80%의 청소년이 정보 검색과 과제 수행, 학습 지원을 위해 AI를 활용하고 있으며 이는 학습 효율을 높이는 데 긍정적인 영향을 미칠 수 있다. 그러나 **과제 대리 작성이나 정보의 신뢰성 및 편향 문제 등 새로운 문제도 함께 나타나고 있다.**

　생성형 AI의 확산으로 여러 가지 문제가 발생하고 있다. 첫째, 딥페이크와 같은 **디지털 범죄에 대한 우려가 커지고 있고,** 둘째, **AI를 이용해 과제를 대신 작성하거나 사실과 다른 정보를 그대로 제출**하는 사례가 늘고 있다. 또한, 일부 청소년들은 **AI와의 대화에 의존해 감정을 해소하면서 현실 인간관계를 기피**하기도 한다. 이처럼 청소년들은 성장 과정에 있는 만큼 정서적 의존이나 자기조절 능력 저하 등 부정적인 영향을 받을 가능성이 높다. 따라서 **AI 윤리 교육의 필요성이 더욱 강조**되고 있다.

　이에 정부는 여러 기관과 함께 협력하여 AI 윤리와 안전 제도를 정비하고, 교과서에 「**AI 윤리 교육**」 단원을 수록하여 청소년들이 기술을 올바르게 이해하고 책임 있게 활용하도록 할 계획이다. 또한 **비판적 사고력 강화 교육**을 통하여 청소년들이 AI에 대한 판단력을 가질 수 있도록 할 방침이다.

 **생각해 보기**

Q1) 이 글에서 청소년의 AI 활용 증가로 인해 나타나는 문제점은 무엇입니까?

Q2) 정부는 청소년들의 AI 윤리 교육과 관련하여 어떤 정책을 준비하고 있습니까?

Q3) 청소년 AI 윤리 교육이 왜 필요한지 생각해 봅시다.

1. (   )에 들어갈 말 쓰기 1 – 51. 실용문

📝 실전 표현 정리

Part 1에서 학습한 내용을 바탕으로 아래 질문에 해당하는 표현을 모두 떠올려 써 보세요. 직접 정리하는 과정이
곧 실전 대비가 됩니다.

1) 윗사람에게 부탁할 때 사용할 수 있는 격식체 경어 표현은 무엇입니까?

2) 실수, 지연, 변경 등의 상황에서 사용할 수 있는 사과 표현은 무엇입니까?

3) 신청이나 교환 방법을 문의할 때 사용할 수 있는 표현은 무엇입니까?

10분 핵심노트

📖 핵심 내용 정리

유형에 따라 자주 사용되는 핵심 예문을 확인하면 실전에서 정확하고 자연스럽게 활용할 수 있습니다.

글의 유형	핵심 예문
공지 글	학교 환경을 **깨끗하게 만들기 위해서** 함께 청소를 하려고 합니다. 어제 워크숍에 **참석하시지 못한** 분들은 이메일을 보내주시기 바랍니다.
안내 글	자판기 설치에 대해 **조사하고 있습니다.** 많은 참여 부탁드립니다. 요가를 배우고 싶은 분들은 내일 오전까지 **등록하셔야 합니다.**
추천 글	이 책은 TOPIK 시험에 많은 도움이 되니까 꼭 읽어 보시기 바랍니다. 이 식당은 음식 값이 싸고 맛있으니까 꼭 드셔 보셨으면 좋겠습니다.
사과 글	회의에 **늦을 것 같습니다.** 죄송합니다. 엘리베이터 고장으로 **불편을 드려서** 죄송합니다.
문의글	다음 학기에 유학을 가려고 하는데 어느 나라가 좋을지 모르겠습니다. 어제 청바지를 샀는데 사이즈를 바꾸고 싶습니다. 어떻게 **변경할 수 있습니까?**
요청·부탁 글	이번 주말에 열리는 전시회에 **초대하고 싶습니다.** 주말에 선생님을 **뵙고 싶은데** 시간을 내 주시면 감사하겠습니다.
확인 요청 글	언제 책을 **돌려드리면 되겠습니까?** 주문한 물건이 내일 도착하는지 **알려 주시기 바랍니다.**
불편 사항 글	저는 서비스 앱을 **이용해 본 적이** 없어서 불편했습니다. 지난주에 우체국에서 소포를 보냈는데 아직 **받지 못했습니다.**

🏅 합격 플러스

시험에 출제될 가능성이 있는 예상 문법을 확인하면서 시험에 대비해 보세요.

	문법	기능	예문
1	V-느라고	원인-부정적 결과	**회의 준비를 하느라고** 자료를 제시간에 보내지 못했습니다.
2	V-는 동안	두 가지 행동	**행사가 진행되는 동안** 휴대폰을 꺼 주시기 바랍니다.
3	V-는 대신에	대체·보완	이번 주에는 **수업을 하지 않는 대신에** 과제를 제출하기 바랍니다.
4	V-기 전까지	행동 마감 시점	**확인 버튼을 누르기 전까지** 결제가 되지 않습니다.
5	V-게 되다	변화	저는 졸업 후 한국에서 **일을 하게 되었습니다.**
6	V-(으)려고 하다	계획·의도	다음 달부터 새로운 교육 프로그램을 **시작하려고 합니다.**
7	V-도록 하겠습니다	의지·다짐	선생님, 한국 사람처럼 말할 수 있게 열심히 **한국어를 배우도록 하겠습니다.**

Quick Check ✔
10분 핵심노트

2. ( )에 들어갈 말 쓰기 2 – 52. 설명문

✏ 실전 표현 정리

Part 2에서 학습한 내용을 바탕으로 아래 질문에 해당하는 표현을 모두 떠올려 써 보세요. 직접 정리하는 과정이 곧 실전 대비가 됩니다.

1) 중심 주장이나 설명에 대한 이유나 근거를 제시할 때 사용할 수 있는 표현은 무엇입니까?

2) 어떤 현상이나 변화의 목적을 설명할 때 사용할 수 있는 표현은 무엇입니까?

3) 전문가의 의견이나 조사 내용을 인용할 때 사용할 스 있는 표현은 무엇입니까?

📖 핵심 내용 정리

시험에 자주 출제되는 문법을 문장 패턴으로 정리했습니다. 문장 패턴을 확인한 후 직접 예문을 만들어 보세요.

	문장 패턴	기능	예문
1	왜냐하면 V-기 때문이다	이유·원인 설명	요즘 환경 문제가 심각하다. **왜냐하면** 사람들이 쓰레기를 **많이 버리기 때문이다.** ✏
2	V-지 않게 V-아/어야 한다	부정 목적/ 예방	음식을 상하지 **않게 하려면** 냉장고에 **보관해야 한다.** ✏
3	V-(으)려면 V-는 것이 좋다	조건 + 조언	건강을 유지**하려면** 규칙적으로 운동하는 **것이 좋다.** ✏
4	V-기 위해서 V-아/어야 한다	목적 + 의무	환경을 보호**하기 위해서** 일회용품 사용을 **줄여야 한다.** ✏
5	점점 V-게 되다	변화 과정/ 상태 변화	기술이 발전하면서 생활이 **점점 편리하게 되었다.** ✏
6	V-(으)면 V-(으)ㄹ 수밖에 없다	불가피한 결과	인구가 계속 증가**하면** 교통이 복잡해질 **수밖에 없다.** ✏
7	V-는 것보다 V-는 것이 좋다	비교/선호	따라서 밤에 잠을 잘 자려면 커피를 **마시는 것보다** 물을 자주 **마시는 것이 좋다.** ✏
8	V-(으)ㄹ뿐만 아니라 N도	첨가/나열	인터넷은 정보를 빠르게 **찾을 뿐만 아니라** 사람들과 소통하는 데에도 도움이 된다. ✏
9	V-(으)ㄴ/는 것처럼 보인다	비유	하늘이 맑아져서 비가 **그친 것처럼 보인다.** ✏
10	N이/가 N을/를 V-게 하다	원인+결과 +변화	지구 온난화가 지구의 기온을 **불안정하게 만들고 있다.** ✏

절 취 선

🏅 합격 플러스

과학·건강·일반상식 등의 주제가 자주 출제되는 설명문 문제에서는 '피동형 동사'가 중요합니다. 아래 자주 나오는 피동형 동사를 확인해 보세요.

	능동형 동사 (주어 직접 행동)	피동형 동사 (행동 대상·결과 중심)	피동형 동사 의미
1	-을/를 섞다	-이/가 섞이다	두 가지 이상의 것들이 같이 합쳐지다.
2	-을/를 막다	-이/가 막히다	공기, 물, 피, 소리, 통로 등 흐르거나 통하는 것이 멈추는 상태가 되다.
3	-을/를 듣다	-이/가 들리다	소리가 구'에 들어오다. 즉, 누군가가 어떤 소리를 듣게 되다.
4	-을/를 비추다	-이/가 비치다	저절로 만들어진 상태가 되다.
5	-을/를 저장하다	-이/가 저장되다	어떤 정보나 물건이 안에 보관되어 있다.
6	-을/를 측정하다	-이/가 측정되다	길이·무게·온도 등을 수치로 나타내다.
7	-을/를 전달하다	-이/가 전달되다	어떤 물건이나 소식이 다른 사람에게 옮겨지다.
8	-을/를 보호하다	-이/가 보호되다	위험이나 손해로부터 지켜지다.
9	-을/를 흡수하다	-이/가 흡수되다	액체나 기체 등이 다른 물질 속으로 들어가다.
10	-을/를 형성하다	-이/가 형성되다	어떤 모양이나 구조, 관계 등이 자연스럽게 생겨나다.
11	-을/를 분해하다	-이/가 분해되다	하나로 되어 있던 것이 나누어지다.
12	-을/를 유지하다	-이/가 유지되다	어떤 상태가 계속되다.
13	-을/를 제거하다	-이/가 제거되다	있던 것이 없어지게 되다.
14	-을/를 발견하다	-이/가 발견되다	아직 알려지지 않은 것이 새롭게 찾아지다.
15	-을/를 인식하다	-이/가 인식되다	어떤 사실이나 모습이 머리나 기계에 의해 이해되다.

절
취
선

◆ 출제 예상 피동형 동사

시험에 출제될 수 있는 피동형 동사의 예문을 추가로 확인해 보세요.

기능	피동형 동사	예문
도구·기술·데이터 활용	-이/가 저장되다	태양 에너지는 낮 동안 **저장되어서** 밤에도 전기가 공급될 수 있다.
	-이/가 측정되다	기계에 팔을 넣으면 혈압이 자동으로 **측정되기 때문에** 건강 상태를 쉽게 확인할 수 있다.
에너지·정보·물질 이동	-이/가 들리다	공기의 진동이 귀로 전달되면 소리가 **들리게 된다.**
	-이/가 막히다	혈관이 **막히면** 피가 잘 흐르지 않는다.
	-이/가 전달되다	정보가 정확하게 **전달되려면** 말이나 글을 명확하게 표현해야 한다.
	-이/가 보호되다	**전문가들은** 지구의 생태계는 인간의 개발로부터 **보호되어야 한다고** 말한다.
	-이/가 흡수되다	영양분은 단순히 몸속으로 **흡수되는 것이 아니라**, 소화 과정을 거쳐 에너지로 바뀐다.
상태 변화/현상 발생	-이/가 섞이다	색깔이 서로 **섞이면** 새로운 색이 만들어진다.
	-이/가 비치다	유리는 투명하기 때문에 빛이 **비치면서** 반사가 일어난다.
	-이/가 형성되다	사막의 모래언덕은 바람의 방향과 세기에 따라 **형성된다.**
	-이/가 분해되다	음식물은 위에서 효소에 의해 **분해되고** 필요한 성분만 흡수된다.
결과·효과·평가 표현	-이/가 유지되다	세포의 건강이 **유지되기 위해서** 충분한 영양분과 수분 섭취가 필요하다.
	-이/가 제거되다	규칙적인 운동은 지방이 몸속에서 **제거되는 데** 도움이 된다.
	-이/가 발견되다	미세한 플라스틱은 크기가 매우 작아서 눈으로는 **발견되기 어렵다.**
	-이/가 인식되다	다양한 문화가 공존할수록 차이를 인정하는 태도가 더 중요하게 **인식된다.**

Quick Check ✓
10분 핵심노트

3. 자료 보고 짧은 글쓰기 – 53. 그래프·자료 해석

📝 실전 표현 정리

Part 3에서 학습한 내용을 바탕으로 아래 질문에 해당하는 표현을 모두 떠올려 써 보세요. 직접 정리하는 과정이 곧 실전 대비가 됩니다.

1) 수치의 증가·감소를 서술할 때 사용할 수 있는 표현은 무엇입니까?

2) 원인과 결과를 자연스럽게 연결할 때 사용할 수 있는 표현은 무엇입니까?

3) 수치가 높은 수준에 도달했을 때 또는 기대에 미치지 못했을 때 사용할 수 있는 표현은 무엇입니까?

📖 핵심 내용 정리

아래는 53번 글쓰기에서 바로 활용할 수 있는 실전 문장 패턴입니다. 구조를 이해한 뒤, 주제에 맞게 직접 적용해 보세요.

	구분	문장 패턴	예문
1	조사 내용 소개	(조사 기관)에서 (조사 대상)을/를 대상으로 (조사 내용)에 대하여 조사하였다	· 한국관광협회**에서** 외국인 관광객 1,000명을 **대상으로** 국내 박물관 이용자 수에 **대하여 조사하였다.**
2	그래프 변화 설명	**증가** (시점) (수치)에서 (시점) (수치)(으)로 증가하였다	· 마라톤 대회 참가자 수가 2013년 40만 명에서 2023년 100만 명**으로 증가**하였다.
		감소 (시점) (수치)에서 (시점) (수치)(으)로 감소하였다	· 성인 독서율이 2015년 65%에서 2020년 52%**로 감소**하였다.
		증가→ 감소 (감소→증가) (시점) (수치)에서 (시점) (수치)(으)로 증가/감소하다가 (시점) (수치)(으)로 감소/증가하였다	· 해외여행객 수가 2010년 1,000만 명에서 2015년 1,600만 명**으로 증가하다가** 2020년 900만 명**으로 감소**하였다.
3	원인 설명	이러한 변화의 원인은 (원인 1)고 (원인 2)기 때문인 것으로 보인다	· 이러한 변화의 원인은 직장이나 학업으로 여유 시간이 부족하고 사람들이 책보다 디지털 콘텐츠를 더 자주 이용하기 **때문인 것으로 보인다.**
4	전망	이러한 변화가 계속된다면 (전망)ㄹ/을것으로 예상된다	· 이러한 변화가 계속된다면 2030년에는 성인 독서율이 계속 감소할 **것으로 보인다.**

🏅 합격 플러스

그래프의 변화 유형은 최근 다양하게 출제되고 있습니다. 아래 그래프 유형별 사용할 수 있는 정도 부사를 확인한 후에 시험에 적용해 보세요.

	구분	정도 부사	표현	예문
1	크게 변화할 때	크게/급격히/빠르게	N이/가 (크게) V-았다/ 었다	· 매출액이 작년보다 **크게** 증가했다. · 종이 신문 구독률이 **급격히** 감소했다. · SNS 사용 시간이 **빠르게** 증가했다.
2	점점 변화할 때	꾸준히/점점/계속/지속적으로	N이/가 (꾸준히) V-았다/었다	· 온라인 쇼핑몰이 **꾸준히** 증가하고 있다. · 출산율이 **점점** 감소하고 있다. · 청년 취업률이 **계속** 하락하고 있다. · 온라인 수업이 **지속적으로** 증가했다.
3	약하게 변화할 때	조금/다소/소폭	N이/가 (조금) V-았다/었다	· 자전거 이용률이 **조금** 늘었다. · 기온이 작년보다 **다소** 상승했다. · 독서 시간이 작년에 비해 **소폭** 줄었다.
4	변화 없을 때/ 상태가 유지될 때	거의/별로/비슷한 수준으로	· N이/가 **거의 V-지 않았다** · **비슷한 수준으로** 나타났다	· 지난해와 비교했을 때 관람객이 **거의 늘지 않았다.** · 남성과 여성의 온라인 쇼핑 이용률이 **비슷한 수준으로** 나타났다.

절
취
선

4. 주제를 보고 긴 글쓰기 – 54. 내 의견 쓰기

📝 실전 표현 정리

Part 4에서 학습한 내용을 바탕으로 아래 질문에 해당하는 표현을 모두 떠올려 써 보세요. 직접 정리하는 과정이 곧 실전 대비가 됩니다.

1) 도입에서 사회적 배경이나 문제 상황을 제시할 때 사용할 수 있는 표현은 무엇입니까?

2) 전개에서 여러 가지 이유나 문제점을 논리적으로 제시할 때 사용할 수 있는 표현은 무엇입니까?

3) 마무리에서 해결 방안을 제시하고 긍정적인 전망으로 글을 끝낼 때 사용할 수 있는 표현은 무엇입니까?

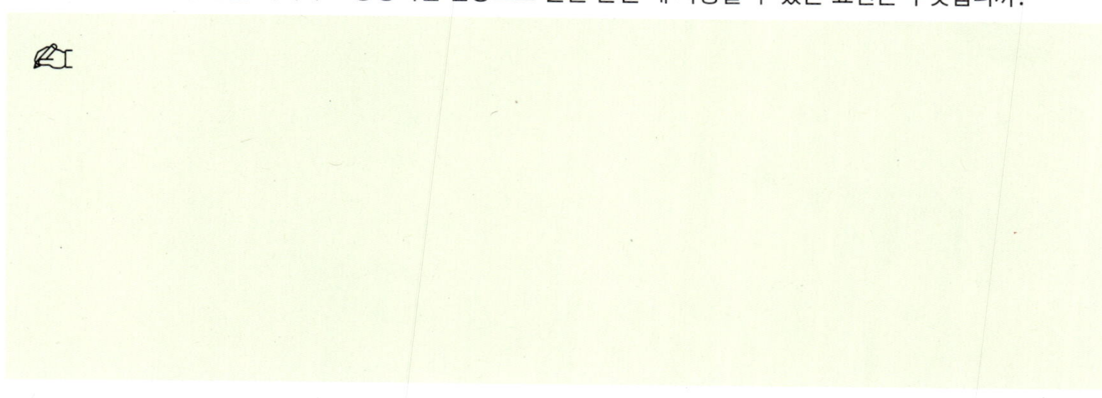

📖 핵심 내용 정리

54번 글쓰기는 도입–전개–마무리의 구조를 명확하게 구성하는 것이 중요합니다. 각 단계에서 활용할 수 있는 문장을 참고하여 구조에 맞게 연습해 보세요.

구분	구성	예문
도입 (3~4문장)	문제 상황/배경 제시	·요즘 현대인들에게 스마트폰은 필수품이 되었다. 언제 어디서나 쉽게 정보를 얻을 수 있고, 다양한 기능을 이용할 수 있기 때문이다. 그러나 스마트폰은 많은 장점이 있지만 여러 가지 문제점도 가지고 있다.
전개 (6~7문장)	이유/장·단점 (2가지 제시) +근거·예시와 함께	·첫째, 스마트폰은 사람들의 건강에 악역향을 줄 수 있다. 왜냐하면 오랜 시간 화면을 보면 눈의 피로가 심해지고 목이나 어깨에 통증이 생기기 때문이다. 둘째, 일을 할 때 집중력이 낮아진다. 업무 중에 메시지나 인터넷 뉴스를 자주 보기 때문에 일에 집중할 수 없고 생산성이 떨어지게 된다.
마무리 (5~6문장)	요약/해결 방법 +긍정적 전망	·스마트폰은 현대 사회에 많은 편리함을 가져왔다. 그러나 사용 시간을 스스로 조절하지 못하면 부정적인 영향이 커진다. 따라서 적절한 사용 습관을 길러야 한다. 이러한 노력이 지속된다면, 스마트폰은 앞으로 우리 삶을 더욱 편리하게 만드는 수단으로 자리잡을 것이다.

🏅 합격 플러스

54번은 다양한 연결 표현을 적절하게 사용하는 것이 중요합니다. 다음의 기능별 연결 표현을 참고하여 상황에 맞게 활용해 보세요.

	기능	연결 표현	예문
1	원인·이유	왜냐하면	요즘 청소년들의 독서량이 줄고 있다. **왜냐하면** 스마트폰 사용 시간이 늘**어났기 때문이다.**
		N(으)로 인해	미세먼지 농도가 높아진 것은 자동차 사용 증가**로 인해** 발생한 결과이다.
2	대조	그러나, 하지만	많은 사람들이 재택근무를 선호한다. **그러나** 일과 생활의 경계가 모호해지는 문제도 있다.
		A-(으)ㄴ, V-는 반면에	· 대도시는 교통이 편리**한 반면에** 주거비가 매우 비싸다. · 대도시는 **교육 시설과 문화생활이 편리한 반면에**, 생활비와 주거비가 높아 많은 사람들이 부담을 느낀다.
3	전환	즉, 다시 말해	스마트폰은 단순한 통신 수단이 아니라 **즉**, 생활의 필수 도구가 되었다.
4	목적	V-기 위해서, V도록	시민들의 안전을 지키**기 위해서** 정부는 교통 규제를 강화하고 있다.
5	추가	게다가, 또한	이 제도는 근로자의 삶의 질을 높인다. **게다가** 기업의 생산성 향상에도 도움이 된다.
		V-(으)ㄹ뿐만 아니라	창의성이 있는 사람은 새로운 아이디어를 **생각해 낼 뿐만 아니라** 문제를 해결하는 방법도 다양하게 찾아낸다.
6	예시	예를 들어, 예를 들면	최근 환경 보호에 더한 관심이 커지고 있다. **예를 들어** 일회용품 사용을 줄이는 캠페인이 확대되고 있다.
7	강조	무엇보다, 특히	**무엇보다** 중요한 것은 개인의 인식 변화이다. 요즘은 **특히** 건강과 관련된 콘텐츠가 인기를 얻고 있다.
8	가정	만약~ A/V-(으)면	**만약** 우리가 지금 실천하지 **않으면** 환경 문제는 더 심각해질 것이다.
		만약~ A/V-(으)ㄴ는다면	**만약** 재활용 의무를 **강화한다면** 쓰레기 배출량을 줄일 수 있을 것이다.
9	결과	따라서	환경 보호는 개인의 노력이 필요하다. **따라서** 모두가 함께 참여해야 한다.
10	결론 제시	그러므로	사람들의 소통이 줄어들면 관계가 약해지고 사회적 고립이 심해질 수 있다. **그러므로** 온라인보다 직접 만나서 대화하는 시간을 늘리는 노력이 필요하다.

절
취
선

● 고득점 고급 동사 정리

54번 글쓰기에서는 고급 동사를 적절하게 사용하는 것이 중요합니다. 문장의 표현력을 높일 수 있는 고급 동사를 활용하여 글을 더욱 풍부하게 구성해 보세요.

	고급 동사	의미와 예문
1	-이/가 강조되다	어떤 부분을 특별히 강하게 주장하다.
		예) 현대 사회에서는 소통의 **중요성이 강조되고 있다.**
2	-이/가 주목받다	많은 사람의 관심을 얻다.
		예) **최근 재택근무가** 새로운 근무 방식으로 **주목받고 있다.**
3	-이/가 논의되다	여러 사람이 함께 의견을 나누어 이야기하다.
		예) **4.5일 근무제가** 다양한 분야에서 **논의되고 있다.**
4	-을/를 추구하다	어떤 목표나 가치를 이루려고 노력하다.
		예) 현대 사회는 효율성과 편리함을 **추구하며** 빠르게 변화하고 있다.
5	-이/가 확대되다	모양, 규모, 범위가 더 크게 되다.
		예) 온라인 교육이 전염병 확산 이후 빠르게 **확대되고 있다.**
6	-이/가 드러나다	밖으로 보이지 않던 사실이나 감정이 널리 알려지다.
		예) 최근 직장 내 갈등으로 인해 소통의 **중요성이 다시 한 번 드러났다.**
7	-을/를 반영하다	어떤 생각이나 상황이 결과에 나타나다.
		예) 이러한 현상은 우리 사회의 **변화를 반영하는 것이다.**
8	-을/를 유발하다	어떤 일의 원인이 되어 다른 일이 생기게 하다.
		예) 과도한 경쟁은 학생들의 불안과 **피로를 유발할 수 있다.**
9	-을/를 초래하다	어떤 좋지 않은 결과를 만들게 하다.
		예) 무분별한 개발은 자연 **파괴를 초래하였다.**

절
취
선

10	**-을/를 향상시키다**	수준이나 능력을 더 높게 만들다.
		예) 꾸준한 독서는 청소년의 사고력과 **어휘력을 향상시킨다.**
11	**-을/를 강화하다**	어떤 능력이나 제도를 더 강하게 만들다.
		예) 정부는 청소년의 교통 안전 교육을 **더욱 강화해야 한다.**
12	**-을/를 실천하다**	계획하거나 배운 것을 실제 행동으로 옮기다.
		예) 생활 속에서 환경 보호를 **실천하는 노력이 필요하다.**
13	**-을/를 실현하다**	생각하거나 꿈꾼 일을 실제로 이루다.
		예) 모두가 함께 노력한다면 사회적 평등을 **실현할 수 있을 것이다.**
14	**-을/를 이끌다**	사람이나 상황을 앞으로 나아가게 하다.
		예) 창의적인 아이디어가 있는 사람들이 **사회의 변화를 이끌 것이다.**
15	**-에 기여하다**	어떤 일에 긍정적인 도움이 되거나 보탬이 되다.
		예) 4.5일 근무제 시행이 국민의 삶의 질 **향상에 크게 기여할 것이다.**

절
취
선

한국어능력시험
TOPIK II

1 교시 (쓰기)

성 명 (Name)	한 국 어 (Korean)	
	영 어 (English)	

수 험 번 호											
			8								

※ 결 시 확인란 | 결시자의 영어 성명 및 수험번호 기재 후 표기 | ○

※ 답안지 표기 방법(Marking examples)

바른 방법(Correct)	바르지 못한 방법(Incorrect)
●	☑ ⊙ ◖ ⊗ ✗

※ 위 사항을 지키지 않아 발생하는 불이익은 응시자에게 있습니다.

※ 감독관 확인 | 본인 및 수험번호 표기가 정확한지 확인 | (인)

주관식 답안은 정해진 답란을 벗어나거나 답란을 바꿔서 쓸 경우 점수를 받을 수 없습니다.
(Answers written outside the box or in the wrong box will not be graded.)

51 ㉠ ㉡

52 ㉠ ㉡

53 아래 빈칸에 200자에서 300자 이내로 작문하십시오 (띄어쓰기 포함).
(Please write your answer below; your answer must be between 200 and 300 letters including spaces.)

53

50
100
150
200
250
300

※ **54번은 뒷면에 작성하십시오.** (Please write your answer for question number 54 at the back.)

절 취 선

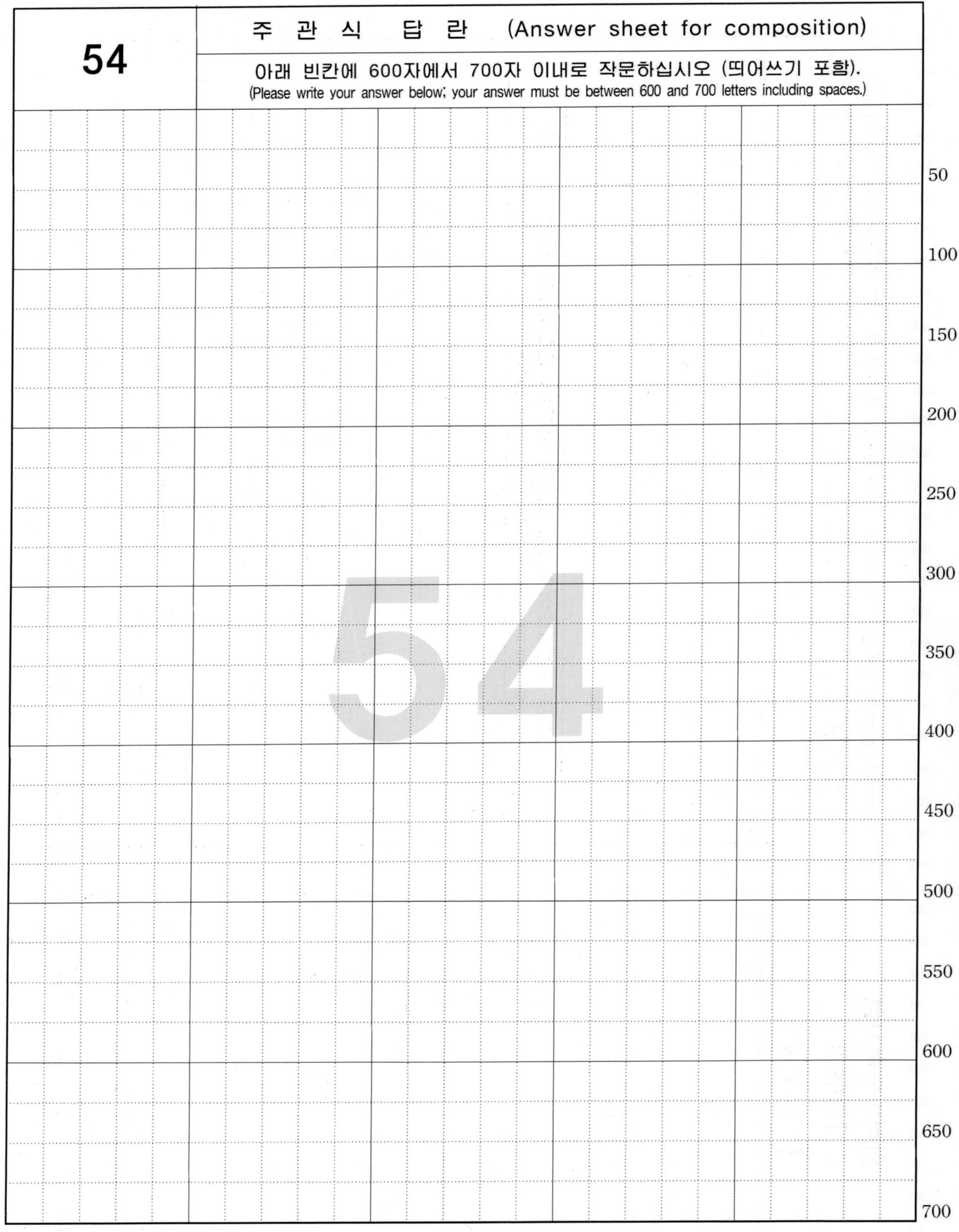

※ 주어진 답란의 방향을 바꿔서 답안을 쓰면 '0' 점 처리됩니다.
(Please do not turn the answer sheet horizontally. No points will be given.)

한국어능력시험
TOPIK II

1 교시 (쓰기)

성 명 (Name)	한 국 어 (Korean)	
	영 어 (English)	

수 험 번 호

					8						
⓪	⓪	⓪	⓪	⓪		⓪	⓪	⓪	⓪	⓪	⓪
①	①	①	①	①		①	①	①	①	①	①
②	②	②	②	②		②	②	②	②	②	②
③	③	③	③	③		③	③	③	③	③	③
④	④	④	④	④		④	④	④	④	④	④
⑤	⑤	⑤	⑤	⑤		⑤	⑤	⑤	⑤	⑤	⑤
⑥	⑥	⑥	⑥	⑥		⑥	⑥	⑥	⑥	⑥	⑥
⑦	⑦	⑦	⑦	⑦		⑦	⑦	⑦	⑦	⑦	⑦
⑧	⑧	⑧	⑧	⑧	●	⑧	⑧	⑧	⑧	⑧	⑧
⑨	⑨	⑨	⑨	⑨		⑨	⑨	⑨	⑨	⑨	⑨

※ 결 시 확인란	결시자의 영어 성명 및 수험번호 기재 후 표기	◯

※ 답안지 표기 방법(Marking examples)

바른 방법(Correct)	바르지 못한 방법(Incorrect)
●	☑ ⊙ ◐ ⊗ ⊠

※ 위 사항을 지키지 않아 발생하는 불이익은 응시자에게 있습니다.

※ 감독관 확 인	본인 및 수험번호 표기가 정확한지 확인	(인)

주관식 답안은 정해진 답란을 벗어나거나 답란을 바꿔서 쓸 경우 점수를 받을 수 없습니다.
(Answers written outside the box or in the wrong box will not be graded.)

51	㉠
	㉡
52	㉠
	㉡

53 아래 빈칸에 200자에서 300자 이내로 작문하십시오 (띄어쓰기 포함).
(Please write your answer below; your answer must be between 200 and 300 letters including spaces.)

(50, 100, 150, 200, 250, 300 자 표시 답안 작성란)

※ **54번은 뒷면에 작성하십시오.** (Please write your answer for question number 54 at the back.)

절 취 선

<table><tr><td>**54**</td><td>주 관 식 답 란 (Answer sheet for composition)

아래 빈칸에 600자에서 700자 이내로 작문하십시오 (띄어쓰기 포함).
(Please write your answer below; your answer must be between 600 and 700 letters including spaces.)</td></tr></table>

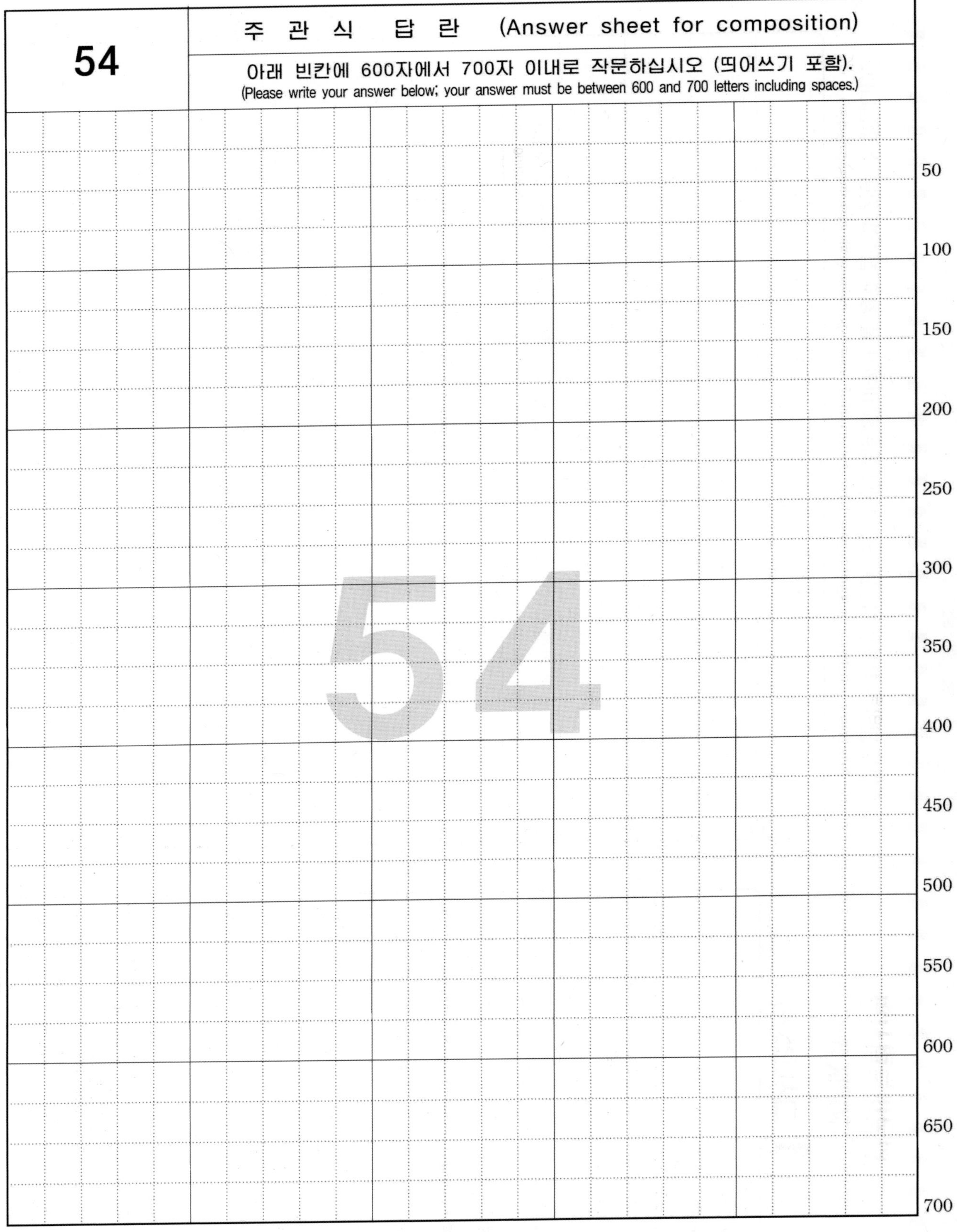

※ 주어진 답란의 방향을 바꿔서 답안을 쓰면 '0' 점 처리됩니다.
(Please do not turn the answer sheet horizontally. No points will be given.)

한국어능력시험
TOPIK II
1 교시 (쓰기)

성 명 (Name)	한 국 어 (Korean)	
	영 어 (English)	

수 험 번 호

				8						

※ 결 시
확인란 | 결시자의 영어 성명 및
수험번호 기재 후 표기 | ○

※ 답안지 표기 방법(Marking examples)

바른 방법(Correct)	바르지 못한 방법(Incorrect)
●	☑ ⊙ ◑ ⊗ ✗

※ 위 사항을 지키지 않아 발생하는 불이익은 응시자에게 있습니다.

※ 감독관
확 인 | 본인 및 수험번호 표기가
정확한지 확인 | (인)

주관식 답안은 정해진 답란을 벗어나거나 답란을 바꿔서 쓸 경우 점수를 받을 수 없습니다.
(Answers written outside the box or in the wrong box will not be graded.)

51 ㉠ / ㉡

52 ㉠ / ㉡

53 아래 빈칸에 200자에서 300자 이내로 작문하십시오 (띄어쓰기 포함).
(Please write your answer below; your answer must be between 200 and 300 letters including spaces.)

50 / 100 / 150 / 200 / 250 / 300

53

※ **54번은 뒷면에 작성하십시오.** (Please write your answer for question number 54 at the back.)

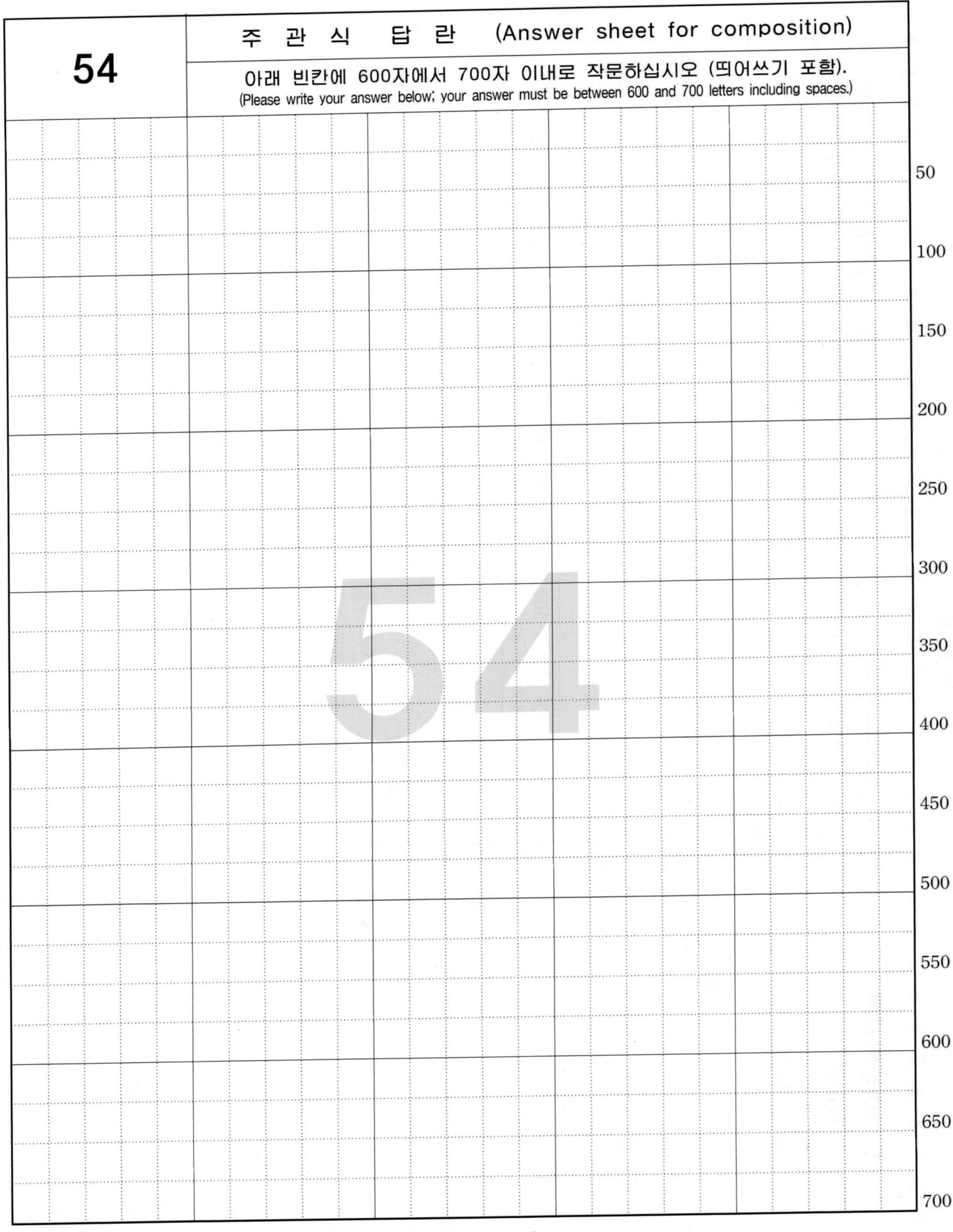

54

주 관 식 답 란 (Answer sheet for composition)

아래 빈칸에 600자에서 700자 이내로 작문하십시오 (띄어쓰기 포함).
(Please write your answer below; your answer must be between 600 and 700 letters including spaces.)

50
100
150
200
250
300
350
400
450
500
550
600
650
700

※ 주어진 답란의 방향을 바꿔서 답안을 쓰면 '0'점 처리됩니다.
(Please do not turn the answer sheet horizontally. No points will be given.)

한국어능력시험
TOPIK II
1 교시 (쓰기)

성 명 (Name)	한 국 어 (Korean)	
	영 어 (English)	

수 험 번 호

8

※결 시 확인란	결시자의 영어 성명 및 수험번호 기재 후 표기	○

※답안지 표기 방법(Marking examples)

바른 방법(Correct)	바르지 못한 방법(Incorrect)
●	☑ ⊙ ◑ ⊗ ✖

※ 위 사항을 지키지 않아 발생하는 불이익은 응시자에게 있습니다.

※감독관 확 인	본인 및 수험번호 표기가 정확한지 확인	(인)

주관식 답안은 정해진 답란을 벗어나거나 답란을 바꿔서 쓸 경우 점수를 받을 수 없습니다.
(Answers written outside the box or in the wrong box will not be graded.)

51	㉠
	㉡
52	㉠
	㉡
53	아래 빈칸에 200자에서 300자 이내로 작문하십시오 (띄어쓰기 포함). (Please write your answer below; your answer must be between 200 and 300 letters including spaces.)

50
100
150
200
250
300

※ **54번은 뒷면에 작성하십시오.** (Please write your answer for question number 54 at the back.)

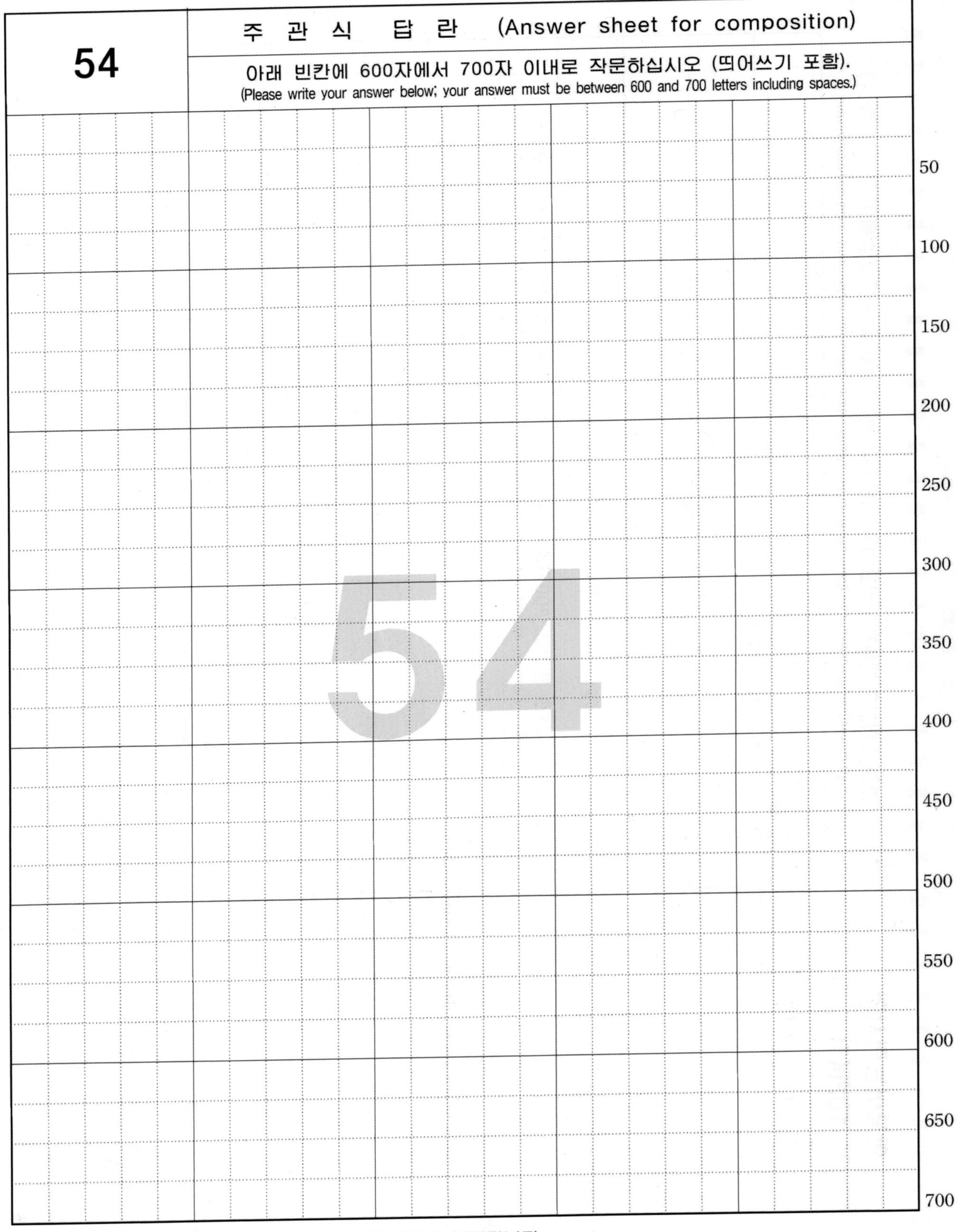

※ 주어진 답란의 방향을 바꿔서 답안을 쓰면 '0'점 처리됩니다.
(Please do not turn the answer sheet horizontally. No points will be given.)

한국어능력시험
TOPIK II
1 교시 (쓰기)

성 명 (Name)	한 국 어 (Korean)	
	영 어 (English)	

수 험 번 호

					8						
⓪	⓪	⓪	⓪	⓪		⓪	⓪	⓪	⓪	⓪	⓪
①	①	①	①	①		①	①	①	①	①	①
②	②	②	②	②		②	②	②	②	②	②
③	③	③	③	③		③	③	③	③	③	③
④	④	④	④	④		④	④	④	④	④	④
⑤	⑤	⑤	⑤	⑤		⑤	⑤	⑤	⑤	⑤	⑤
⑥	⑥	⑥	⑥	⑥		⑥	⑥	⑥	⑥	⑥	⑥
⑦	⑦	⑦	⑦	⑦		⑦	⑦	⑦	⑦	⑦	⑦
⑧	⑧	⑧	⑧	⑧	●	⑧	⑧	⑧	⑧	⑧	⑧
⑨	⑨	⑨	⑨	⑨		⑨	⑨	⑨	⑨	⑨	⑨

※ 결 시 확인란	결시자의 영어 성명 및 수험번호 기재 후 표기	○

※ 답안지 표기 방법(Marking examples)	
바른 방법(Correct)	바르지 못한 방법(Incorrect)
●	☑ ⊙ ◑ ⊗ ✗

※ 위 사항을 지키지 않아 발생하는 불이익은 응시자에게 있습니다.

※ 감독관 확 인	본인 및 수험번호 표기가 정확한지 확인	(인)

주관식 답안은 정해진 답란을 벗어나거나 답란을 바꿔서 쓸 경우 점수를 받을 수 없습니다.
(Answers written outside the box or in the wrong box will not be graded.)

51	㉠
	㉡

52	㉠
	㉡

53 아래 빈칸에 200자에서 300자 이내로 작문하십시오 (띄어쓰기 포함).
(Please write your answer below; your answer must be between 200 and 300 letters including spaces.)

※ 54번은 뒷면에 작성하십시오. (Please write your answer for question number 54 at the back.)

54

주 관 식 답 란 (Answer sheet for composition)

아래 빈칸에 600자에서 700자 이내로 작문하십시오 (띄어쓰기 포함).
(Please write your answer below; your answer must be between 600 and 700 letters including spaces.)

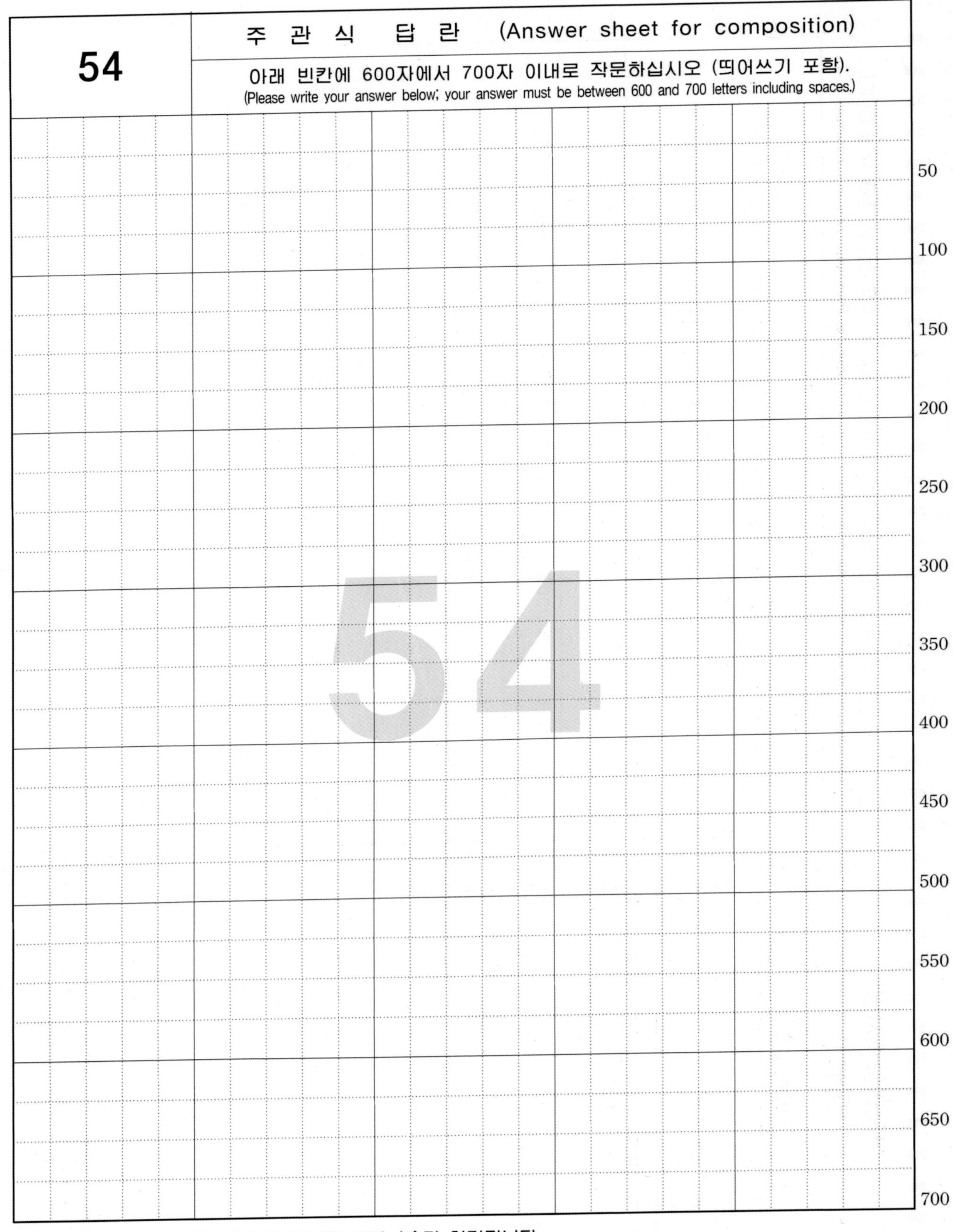

※ 주어진 답란의 방향을 바꿔서 답안을 쓰면 '0'점 처리됩니다.
(Please do not turn the answer sheet horizontally. No points will be given.)

memo

PICK TOPIK II 쓰기

한글파크

한글파크는 한국어 교재
출판사이자 전문 서점입니다

쓰기

책 속의 책